역사는 지나치게 자세히 설명하면 지루하고 딱딱할 수 있고, 그렇다고 재미 위주로만 풀어가다 보면 역사의 본질을 놓칠 수 있지요. 그런데 이 책은 재미와 역사의 본질, 두 마리 토끼를 다 잡은 것 같아요.

— 김현애 서울영림초등학교 교사

단순한 역사적 사실 암기가 아닌 원리와 근본을 이해할 수 있습니다.

— 박성현 상일초등학교 교사

《용선생의 시끌벅적 한국사》를 사회 교과서와 함께 갖고 다니라고 얘기하고 싶습니다. 가장 빠르고 꼼꼼하게 역사 공부를 시작할 수 있는 입문서라고 생각합니다.

— 이종호 순천도사초등학교 교사

아이들이 힘들어하는 역사가 암기 과목이라는 생각에서 벗어나 '왜?'라는 질문만으로도 충분히 멋진 수업이 가능하다는 점을 보여 주고 있습니다. 초등학생뿐 아니라 중학생들에게도 좋은 책입니다.

— 정의진 여수여자중학교 교사

이 책은 시간, 공간, 인간을 모두 다루면서도 전혀 어렵거나 지루하지 않습니다. 내가 주인공들과 함께 역사 여행을 하는 것 같습니다. 이 책을 읽은 6학년 여학생은 "작년에 교과서에서 배웠던 것이 이제야 이해가 돼요"라고 하더군요.

— 황승길 안성초등학교 교사

✔ 읽기 전에 알아두기

❶ 이 책은 2016년 《용선생의 시끌벅적 한국사(전면 개정판)》을 증보·개정하여 출간하였습니다.

❷ 보물, 국보, 사적은 문화재보호법 시행령[대통령령 제32111호]에 의거하여 지정번호를 삭제하여 표기하였음을 알려드립니다.

❸ **저자 현장 강의 전면 개정판**에서는 책 속의 QR코드를 통해 영상을 보실 수 있습니다. QR코드를 스캔하여 회원 가입 및 로그인 진행 후 도서 구매 시 제공된 쿠폰의 시리얼 넘버를 등록해 주세요.

▶ 영상 재생 방법

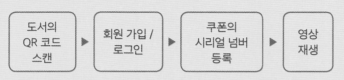

▲ 용선생 현장 강의
영상 재생 방법

- 회원 가입 후에는 로그인을 위해 다시 한번 QR코드를 스캔해 주세요.
- 시리얼 넘버는 최초 한 번만 등록하면 됩니다. 등록된 시리얼 넘버는 변경하거나 양도할 수 없습니다.
- 로그인이 되어 있으면 바로 영상이 재생됩니다.
- '참고 영상'은 링크 영상으로 시리얼 넘버 인증 없이 바로 시청 가능합니다.
- '용선생 현장 강의' 영상은 **용선생 클래스**(yongclass.com) 홈페이지를 통해 PC로도 시청하실 수 있습니다.
- **저자 현장 강의 전면 개정판**을 구매하지 않은 독자님은 용선생 클래스 홈페이지에서 결제 후 '용선생 현장 강의' 전체 영상을 보실 수 있습니다.

용선생의
시끌벅적
한국사

글 금현진

서울대학교 국어교육과를 졸업하고 월간 《우리교육》에서 기자로 일하였고, 엄마가 된 후 어린이 책 작가가 되었습니다. 이 책을 쓰기 시작하면서 어떻게 하면 역사를 어려워하는 우리 아이들에게 역사를 올바르고 재미있게 알려 줄 수 있을까 계속 고민했습니다. 이를 위해 여러 책과 논문들을 읽고, 우리 역사를 생생하게 담아내기 위해 역사의 현장을 직접 돌아보기도 했습니다. 역사 공부에 첫발을 내딛는 어린이도 혼자 읽고 이해할 수 있는 책을 만드는 데 공을 들였습니다.

글 손정혜

문예 창작을 전공하고 신춘문예로 등단했습니다. 생태 동화 《거북이랑 달릴거야》, 역사 동화 《이선비 한양에 가다》, 속담이 담긴 그림책 《천하장사 옹기장수》 등 다양한 분야의 어린이 책을 썼습니다.

글 정상민

연세대학교 사학과에서 학사, 석사 학위(한국 고대사)를 받았습니다. 박사 과정을 마치고 민족사관고등학교와 대학교 등에서 학생들을 가르쳤습니다. 우리 역사를 재미있고 깊이 있게 풀어내는 것을 좋아하여 스스로 만족할 만한 역사 교양서를 쓰는 것이 꿈입니다.

그림 이우일

홍익대학교에서 시각디자인을 공부한 만화가입니다. '노빈손' 시리즈의 모든 일러스트레이션을 그렸으며 지은 책으로는 《우일우화》, 《옥수수빵파랑》, 《좋은 여행》, 《고양이 카프카의 고백》 등이 있습니다. 그림책 작가인 아내 선현경, 딸 은서, 고양이 카프카, 비비와 함께 그림을 그리고 글을 쓰며 살고 있습니다.

정보글 이정은

서울대학교 대학원 고고미술사학과에서 박사 과정(선사 시대 전공)을 수료했습니다. 한반도를 비롯한 동북아시아 구석기 시대의 인류 및 이들의 석기 제작에 관심이 많습니다.

지도 박소영

홍익대학교 시각디자인과를 졸업한 후 어린이 교육용 소프트웨어 개발 일을 하며 틈틈이 만화를 그리던 것이 일러스트레이션 일을 시작하는 계기가 되었습니다. 쉽고 재밌는 그림으로 이야기를 풀어 나가려 노력하고 있습니다.

지도 조고은

애니메이션과 만화를 전공했으며 틈틈이 그림과 만화를 그리는, 계속해서 공부하고 배우는 중인 창작인입니다.

기획 세계로

1991년부터 역사 전공자들이 모여 함께 고민하고 연구하며 한국사와 세계사를 가르치고 있습니다. 역사를 주제로 한 책을 읽어 배경지식을 쌓고 이에 대해 자신의 생각을 이야기하는 '독서 토론 프로그램', 우리나라와 세계 여러 나라의 역사, 문화 현장을 답사하며 공부하는 '투어 캠프 프로그램'을 운영하고 있습니다. 지은 책으로는 《이선비, 한옥을 짓다》 등 역사 동화 '이선비' 시리즈가 있습니다.

검토 및 추천 전국초등사회교과모임

전국 초등학교 선생님들이 모여 활동하는 교과 연구 모임입니다. 역사, 사회, 경제 수업을 연구하고, 학습 자료를 개발하며, 아이들과 박물관 체험 활동을 해 왔습니다. 현재는 초등 교과 과정 및 교과서를 검토하고, 이를 재구성하는 작업을 통해 행복한 수업을 만드는 대안 교과서를 개발하는 데 힘쓰고 있습니다.

자문 및 감수 송호정

서울대학교 국사학과를 졸업하고 같은 학교 대학원에서 석사·박사 학위를 받았습니다. 한국 고대사와 역사고고학을 전공했으며, 현재 한국교원대학교 역사교육과 교수로 재직 중입니다. 지은 책으로는 《한국 생활사 박물관》, 《단군, 만들어진 신화》, 《아! 그렇구나 우리 역사1》, 《처음 읽는 부여사》 등이 있습니다.

문화유산 자문 오영인

서울대학교 대학원 고고미술사학과에서 도자사학 전공으로 석사·박사 학위를 받았습니다. 서울대학교에서 강의를 진행하고, 국가유산청 문화유산 감정위원으로 근무했습니다. 현재 사회평론 역사연구소 연구원으로 역사책을 만들고 있습니다.

1
우리 역사가 시작되다

글
금현진 손정혜 정상민

그림
이우일

기획
세계로

검토 및 추천
전국초등사회교과모임

자문 및 감수
송호정

사회평론

초대하는 글

여러분! 시끌벅적한 용선생의 한국사 교실에 오신 것을 환영합니다.

먼저 기억에 관한 어느 실험 이야기를 소개할까 해요. 기억 상실증에
걸린 환자들과 평범한 사람들이 똑같은 질문을 받았대요. "당신은 지금 바닷가에
서 있습니다. 앞에 펼쳐져 있는 모습을 상상해 보세요. 자, 뭐가 보이나요?" 질문을
받은 평범한 사람들은 하얗게 부서지는 파도며 노을 지는 해변, 물장구치는 아이들,
또는 다정한 연인의 모습을 떠올리고는 그로부터 여러 가지 상상을 풀어 놓았답니다.
그런데 기억을 잃은 사람들의 대답은 아주 간단했어요. 그들이 떠올릴 수 있는
것이라곤 그저 '파랗다'는 말뿐이었대요. 물론 기억 상실증에 걸린 사람들도 바다가
어떤 곳인지 모르지 않습니다. 파도나 노을, 물장구 같은 말들에 대해서도 알고
있고요. 그런데도 그들은 바닷가의 모습을 그려 내지는 못한 거지요. 이쯤 되면
기억이란 것이 과거보다는 현재나 미래를 위한 것이 아닌가 싶은 생각도 듭니다.
그래서 과학자들은 이 실험 이후 기억에 대해 새로운 해석을 내리게 되었대요. 기억은
단순히 과거의 일들을 기록해 두는 대뇌 활동이 아니라, 매순간 변하는 현재와 다가올
미래를 대비하기 위한 '경험의 질료'라고요.

재미난 이야기지요? 우리가 역사를 공부하는 이유에 대해서도 새삼 생각하게 하는
이야깁니다. 한 사람의 기억들이 쌓여 인생을 이룬다면, 한 사회의 기억들이 모여
역사가 됩니다. 무엇을 기억할지, 또 어떻게 기억할지에 따라 우리의 현재와 미래는
달라지겠지요. 그래서 이런 말도 있답니다. '역사에서 배우지 못하는 이들에게는
미래가 없다!'

책의 첫머리부터 너무 무거웠나요? 사실 이렇게 거창한 말을 옮기고는 있지만, 이
책의 저자들은 어디 역사가 뭔지 가르쳐 보겠노라 작정하고 책을 쓴 것이 아니랍니다.
오히려 그 반대였지요. 이 책을 쓰는 동안 우리는 처음 역사를 공부하던 십대 시절로

돌아갔어요. 시작은 이랬습니다. 페이지마다 수많은 인물과 사건들이 와장창 쏟아져 나오는 역사책에 대고 '그건 무슨 뜻이죠?', '대체 무슨 일이 있었던 건데요?' 하고 묻게 되는 거예요. 그것으로 끝이 아니었어요. 겨우 흐름을 잡았다 싶으면 이번엔 '정말이에요?', '왜 그랬을까요?', '그게 왜 중요한데요?' 하며 한층 대책 없는 물음들이 꼬리를 잇더군요. 그럴 때마다 우리를 도와준 것은 바로 이 책의 독자인 여러분이랍니다. 여러분도 분명 비슷한 어려움을 겪으며 무수한 물음표들을 떠올릴 거라고 생각하니, 어느 한 대목도 허투루 넘길 수가 없었어요.

   하여, 해가 바뀌기를 여섯 번! 짧지 않은 기간 동안 이 책의 저자와 편집자, 감수자들은 한마음으로 땀을 흘렸답니다. 우리는 무엇보다 과거에 일어난 일들을 최대한 있는 그대로 파악하려는 노력과 다양한 관점에 따라 풍부하게 해석해 내려는 노력을 동시에 기울이고자 했어요. 널리 알려진 역사적 지식이라도 사실과 다른 점은 없는지 다시 검토했고요. 또 역사책을 처음 읽는 학생들이라도 지루하지 않게 한국사 전체를 훑을 수 있도록 하기 위해 흥미진진한 구성, 그리고 쉽고 상세한 설명에 많은 공을 들였답니다. 한국사를 공부하는 일은 오늘 우리 자신의 모습을 뿌리 깊이 이해하는 일이자, 앞으로 써 갈 역사를 준비하는 과정이기도 해요. 그 주인공인 여러분을 초대합니다. 유쾌하고도 진지하고, 허술한 듯 빈틈이 없는 용선생의 한국사 교실로 들어오세요!

금현진

차례

　　용선생은 침을 꿀꺽 삼켰다. 한쪽 고리가 떨어진 '역사반' 팻말이 바람에 덜렁덜렁 흔들렸다. 아이들이 주고받는 말소리가 교실 밖으로 흘러나오고 있었다.

"여기보단 차라리 종이접기반이 더 나을 텐데. 방과 후 교실 신청이 좀 늦었더니 여기밖에 자리가 없더라. 아, 속상해."

"어? 누나, 나도. 애니메이션반이 꽉 찼다고 해서 할 수 없이 왔어."

문틈에 귀를 바짝 가져다 대고 있던 용선생의 얼굴이 확 달아올랐다.

"뭐야, 다들 마찬가지군. 난 영어 회화반을 신청했는데 뭐가 잘못된 건지 오늘 보니까 역사반으로 신청이 돼 있더라."

"응? 난 축구부 선생님 찾아서 신청했는데 나중에 보니까 역사반인 거야!"

"원래 그 선생님이 축구부 선생님이었는데 쫓겨난 거래. 글쎄, 전국 대회 결승전 때 상암 경기장으로 가야 하는데 잠실 경기장으로 가는 바람에 우리 학교가 아예 경기에 참가를 못했대."

"으, 말도 안 돼! 무슨 선생님이 그래?"

　　용선생의 어깨가 점점 아래로 축 처졌다. 아이들의 말은 틀림없는 사실이었다. 전국 최강의 축구부가 어이없는 이유로 탈락해 버리자 교장 선생님은 길길이 화를 냈다. 결국 용선생은 축구부에서 쫓겨나 방과 후 교실　중에서 가장 인기가 없는 역사반을 떠맡았다.

"용선생님, 듣자 하니 역사에 대해서는 아는 게 좀 있다면서요?"

"예? 아, 제가 어려서부터 역사를 유난히 좋아해서…… 뭐 제 자랑을 하자는 건 아닙니다만, 저보다 역사를 잘 아는 사람은 아직 못 만나 봤습니다. 하하. 대학 때는 역사 답사도 참 많이 다녔……."

"아, 그 정도면 됐어요. 다음 주부터 역사반을 맡아 주셔야겠어요. 이게 용선생님한테 주는 마지막 기회입니다. 역사반을 재미있게 이끌지 못하면…… 아무튼 알아서 하세요!"

말끝을 올리며 무시무시한 표정을 짓던 교장 선생님의 모습이 떠올랐다. 교실 문 앞에 바싹 매달린 용선생은 이러지도 못하고 저러지도 못한 채 한숨만 푹 내쉬었다. 그때 교실에서 또랑또랑한 여자아이의 목소리가 들려왔다.

"아직 시작도 안 했는데 무슨 불평이 그렇게 많니? 배워 두면 다 우리한테 도움이 될 걸."

용선생에게는 눈물겹도록 고마운 말이었다.

'살았다! 희망은 있구나!'

용선생은 아랫배에 힘을 주고는 깊은 숨을 들이마셨다. 뒤이어 힘껏 교실 문을 열어젖히고 교실이 떠나가라 큰 소리로 외쳤다.

"얘들아, 안녕! 만나서 무지 반갑다!"

'용쓴다 용써'
용선생

허술하지만 열정만은 가득한 선생님. 하늘을 향해 거침없이 솟아나 있는 용머리와 지저분한 수염이 인간미(?)를 더해 준다. 교장 선생님의 갖은 핍박에도 불구하고, 생생한 역사 수업을 위해 물불을 가리지 않는다.

'장하다 장해'
장하다

'튼튼하게만 자라 다오.'라는 아버지의 소원대로 튼튼하게만 자랐다. 공부는 꽝이지만, 성격은 짱이어서 시험을 못 봐도 씩씩하고, 애들이 공부 못한다고 놀려도 씩씩하다.

'오늘도 나선다'
나선애

똑소리 나는 우등생. 공부도 잘하고 아는 게 많아서 잘 나선다. 차갑고 얄미워 보이지만, 사실 누구보다 따뜻한 마음을 가지고 있다. 티는 안 나지만.

'오늘은 척추를 쫙 펴고!'
오스트랄로피테쿠스

두 발로 걷기 시작한 최초의 인류. 그 덕분에 허리가 자주 아프지만 다시 네 발로 걸을 생각은 없다. 작은 차이가 명품을 만든다던데, 과연 어떤 엄청난 변화를 가져올지 기대하시라!

'구석구석 불을 밝혀라'
구석기인

불을 발견하고 도구를 만들기 시작한 장본인. 이리저리 떠돌아다니는 불안정한 생활 속에서도 동굴 벽에 멋진 그림을 그리는 예술혼을 억누르지 못한다.

'신나는 정착 생활'
신석기인

떠돌이 생활을 끝내고 '드디어 내 집 마련'을 한 의지의 인물. 농사도 짓고, 가축도 키우고, 곡식 담을 토기도 만들고, 돌도 갈아 쓸 정도로 엄청 부지런하다.

'잘난 척 대장'
왕수재

이 세상에서 자기가 제일
잘난 줄 안다. 그래서
친구가 없는데도 담담하다.
'천재는 외로운 법이고,
질투의 대상인 법'이라나.
근데 사실 깐족거리는 데
천재적이다.

'엉뚱 낭만'
허영심

엉뚱 발랄한 매력을 가진
역사반의 분위기 메이커.
뛰어난 공감 능력으로
웃기도 울기도 잘한다.
반짝반짝 빛나는
역사 유물을 좋아한다.

'깍두기 소년'
곽두기

애교가 넘치는 역사반 막내.
나이도 가장 어리고, 타고난
동안이라서 언뜻 보기엔
유치원생 같다. 하지만 훈장
할아버지 덕분에 어려운
한자를 줄줄 꿰고 있는 한자
신동이기도 하다.

'치렁치렁 꾸미길 좋아하는'
청동기 시대 족장

청동기 시대 마을의 우두머리.
아는 게 많고 힘이 센 데다가
부유하기까지 하다. 번쩍번쩍
빛나는 청동 거울과 청동 방울로
치장하는 걸 좋아한다.

'정치와 제사, 둘 다 내 꺼!'
단군왕검

우리 역사 속 최초의 나라
'고조선'의 지배자로 알려져
있다. 하늘 신의 아들과
곰 사이에서 태어났다는
소문이 파다하다. 근거가
있는 얘기인지는 5교시에서
확인하시라!

'속을 알 수 없는 남자'
위만

중국의 혼란을 피해
고조선으로 온 남자. 똑똑하고
지혜로워 고조선의 준왕에게
무한 신뢰를 받는다. 하지만
그의 마음속엔 시커먼 음모가
도사리고 있었으니……!

역사가 지루하고 재미없다고?

에이, 그건 역사를 어렵게 공부한 운 나쁜 사람들이 하는 소리지.

알고 보면 역사는 그 어떤 영화나 소설보다도 더 흥미진진한 이야기들로 그득한데 말이야.

그 이야기들을 요리조리 따라가다 보면 다른 시대, 다른 공간을 마음껏 넘나들며

상상력을 발휘하게 되지. 때론 탐정이라도 된 듯 얽히고설킨 실타래 같은 사건들을

풀어 나가기도 하고 말이야. 그래서 누구든 한 번만 그 재미를 맛보면

정신없이 빠져들게 되는 게 바로 역사라 이 말씀!

390만 년 전
최초의 인류가
등장하다

70만 년 전

구석기
시대가
시작되다

BC 8000년경

신석기
시대가
시작되다

BC 2000년경

청동기
시대가
시작되다

BC 2세기 초

위만이
고조선의
왕이 되다

BC 37

주몽이
고구려를
세우다

출발!
한국사 여행

✔ 알고 있는 용어에 체크해 보자!

☐ 역사　　　☐ 선사 시대　　　☐ 역사 시대

☐ 기원　　　☐ 세기

교실 문이 벌컥 열리자, 그나마 위태롭게 덜렁거리던 팻말이 뚝 떨어져 버렸다. 아이들은 바닥에 나뒹구는 '역사반' 팻말과 벌겋게 달아오른 얼굴로 고함치듯 첫인사를 건넨 용선생을 번갈아 바라보았다.

"역시…… 그만두는 편이 낫겠어. 역사책 읽을 시간에 영어 단어 하나라도 더 외우는 게 낫지."

왕수재가 용선생을 흘깃거리며 중얼거리자, 옆에 있던 장하다도 고개를 끄덕였다.

"하긴 역사책엔 어려운 단어들만 잔뜩 나오더라고. 보나마나

나랑은 안 맞을 거야."

허영심도 손거울을 탁 내려놓으며 "맞아!" 하고 맞장구를 쳤다.

"오늘 하루 지내기도 바쁜데, 옛날 역사까지 알아서 뭘 해? 아무 소용없을 것 같아. 나도 관둘래."

그때 나선애가 책상을 콩콩 두드렸다.

"너희들, 정말 역사는 배워 봐야 아무 소용없는 거라고 생각하는 거야?"

"그럼 누난 아니야?"

잠자코 있던 곽두기가 큰 눈을 동그랗게 뜨고 물었다.

"당연하지! 한국사 능력 검정 시험을 잘 볼 수 있잖아. 영어 점수나 컴퓨터 자격증 같은 건 이제 좀 시시하지 않니? 그래서 난 역사반에 제일 먼저 지원했어. 올해 열심히 공부해서 내년엔 꼭 시험 칠 거야."

얄밉도록 야무진 선애의 말에 모두 할 말을 잃었다. 짧은 침묵 속에서 아이들은 새삼스레 문 앞에 어정쩡하니 서 있는 용선생을 바라보았다. 그에게 처음 말을 건 것은 막내 곽두기였다. 무척 조심스러운, 그러나 알 수 없는 기대와 호기심이 담긴 목소리였다.

"선생님, 저…… 저희가 왜 역사를 배워야 돼요?"

"응? 역사를 왜 배워야 되냐고? 그야 너희나 나나 어쩌다 보니 역사반에 오게 됐…… 헛! 콜록콜록!"

별생각 없이 대답하던 용선생이 헛기침을 하며 말을 멈췄다.

'아니지, 정신 차려! 아무렇게나 대답했다간 모두 나가 버리고 말 거야. 자, 이제부터가 시작이야! 힘내자, 용!'

용선생은 목소리를 흠흠 가다듬고는 자신을 이상하다는 듯 바라보는 아이들의 시선 사이로 천천히 걸어 들어갔다.

역사, 너는 누구냐?

"그래, 오늘은 역사적인 역사 수업 첫날이니 역사를 왜 배워야 되는지 이야기해 보는 것도 좋겠구나. 그런데 그걸 알려면, 먼저 역사란 게 뭔지부터 알아야 하지 않겠니? 너희는 역사가 뭐라고 생각해?"

아이들은 선뜻 대꾸하지 못하고 서로 멀뚱멀뚱 쳐다보기만 했다. 눈치를 살피던 왕수재가 제일 먼저 손을 들었다.

"에, 역사는 과거와 현재의 끊임없는 대화입니다!"

말을 마친 왕수재는 보란 듯이 두꺼운 안경을 스

얘들아,
역사란
무엇일까?

을 추켜올렸다.

"와! 그거 멋진 말이다. 그
럼 그게 무슨 뜻인지, 어디
설명 좀……."

용선생은 공책 사이에서
아이들의 사진과 이름을 적
어 둔 종이를 꺼내 재빨
리 찾아보고는 말을 이
었다.

"……해 줄래, 수재
야?"

방금 처음 만난 선생님이 예전부터
친한 사이라는 듯 이름까지 불러 주자, 수재
는 살짝 당황했다. 게다가 딱히 대답할 말도 없었다. 책에서 읽은
내용이 떠올라 그대로 읊었을 뿐이기 때문이었다.

"그걸 꼭 설명해야 압니까? 그 정도는 누구나 알고 있는 거 아닌
가요? 뭐, 기본이라고나……."

수재가 괜한 허세를 부리며 어물거리자 나선애가 "풋" 하고 웃으
며 끼어들었다.

"넌 왜 그렇게 뜻도 모르는 어려운 말을 쓰니?"

나선애가 왕수재에게 핀잔을 주자 왕수재가 머쓱해졌다. 용선생이 그 모습을 보고 웃으며 하다에게 물었다.

"하다는 역사가 뭐라고 생각하니?"

"저요? 전 그런 거 잘 몰라요. 그냥 옛날 사람들 얘기 아닌가요? 헤헤."

너무나 단순한 대답인데, 뜻밖에도 용선생은 반가워하며 손뼉을 탁 쳤다.

"그렇지, 그거 아주 중요한 점이야! 역사란 과거에 일어난 일이라는 점! 과거에 있었던 모든 일들을 역사라고 부르지."

용선생의 의외의 칭찬에 자신감이 생긴 장하다가 이어서 물었다.

"그럼 오늘 아침에 제가 화장실에 간 것도 역사인가요?"

"그래, 그건 하다의 역사이지. 하지만 그 사실은 역사책에는 실리지 않는단다. 왜 그럴까?"

왕수재가 눈을 깔며 말했다.

"그야, 하다가 화장실에 간 건 역사책에 실을 만한 일은 아니거든요."

"그래, 과거에 있었던 모든 일들이 역사인 것은 맞아. 하지만 역사책에는 개개인의 모든 시시콜콜한 일들까지 다 챙겨서 적을 수는 없어. 그래서 역사가들은 수많은 과거의 일 중에서 의미가 있고 가치가 있는 일들을 골라서 역사책에 기록한단다. 이렇게 역사책에

기록된 일들도 또한 역사라고 불러. 그러니까 역사란 '과거에 일어났던 사실'이라는 뜻과 '과거에 일어났던 사실에 대한 기록'이라는 뜻이 함께 있는 거야."

"역사에 두 가지의 뜻이 있다고요? 좀 헷갈리는 것 같아요."

"쉽게 생각해 보자. 지금까지 무수히 많은 사람들이 한강을 건너왔다 갔다 했겠지? 이건 과거에 분명히 있었던 사실들이기 때문에 '사실로서의 역사'란다. 그런데 이중에 역사책에 기록된 사실들은 얼마나 될까? 지금 생각나는 건 온조가 한강을 건너와 백제를 세웠다는 사실 정도구나. 이렇게 역사가는 과거에 있었던 많은 사실들 중에 아주 일부만 골라 역사책에 기록하는데, 이를 '기록으로서의 역사'라고 한단다. 이제 좀 이해가 되니?"

'역사'의 두 가지 의미	
사실로서의 역사	기록으로서의 역사

"흠……. 이제야 좀 알 것 같아요."

모두 고개를 끄덕이는데, 왕수재는 무언가 이상하다는 듯이 고개를 저으며 물었다.

"선생님, 그렇다면 역사가가 어떤 사실을 골라서 어떻게 적었느냐에 따라 역사책이 달라지겠네요?"

"그래, 수재가 잘 지적한 것처럼 역사책은 결국 사람이 쓰는 것

E.H.카(1892~1982)
영국의 역사학자로
《역사란 무엇인가》라는 책을 썼어.
카는 이 책에서 역사는 역사가가
처한 상황에 따라 다르게 써진다고
했어. 이 책은 역사를 공부하는
사람들이 꼭 읽어야 할 책으로
자리매김했지.

이기 때문에 자신의 주관적인 생각이 들어갈 수밖에 없어. 과거에 있었던 사실들은 변하지 않는데, 그 사실들을 선택하고 해석하고, 그것에 의미를 부여하는 것은 온전히 역사가의 몫이란다. 그래서 연개소문이나 궁예, 이성계 등 역사 속 인물들에 대한 평가도 역사가에 따라 많이 달라질 수밖에 없지. 이런 뜻에서 영국의 역사학자 E.H.카(E.H.Carr, 1892~1982)가 '역사는 현재와 과거 사이의 끊임없는 대화'라고 한 거야."

"그러면 역사가가 마음대로 역사를 쓸 수도 있겠네요!"

"그래서 역사책을 쓰는 사람은 최대한 객관적으로 쓰려고 노력해야 한단다. 그리고 역사책을 읽는 사람도……."

"혹시 역사책에 개인의 의견이 너무 들어가 있지는 않은지 생각하면서 읽어야 하는 거군요!"

나선애의 똘똘한 대답에 용선생은 미소를 지으며 고개를 끄덕였다.

"그런데 옛날이야기, 아니 역사를 배우는 이유가 뭔가요? 저는 그럴 시간에 밖에서 축구하는 게 훨씬 재밌던데!"

수업이 끝나면 친구들과 축구를 하기로 한 생각에 점차 몸이 배배 꼬이기 시작한 장하다가 용선생에게 물었다.

"하다가 간만에 맞는 말을 했네, 영어·수학 공부할 시간도 부족한데 웬 역사 공부?"

"그 시간에 거울에 비친 내 얼굴을 보는 게 더 낫겠다."

아이들이 웅성거리자 어렵게 만든 역사반이 없어질까봐 걱정된 용선생이 최대한 집중하며 설명했다.

"그런데 역사는 그냥 과거의 일이 아니야. 흔히 역사 하면 '과거'를 떠올리지만, 사실 역사는 '현재'와 '미래'를 위한 거야."

"에이, 좀 전에 역사는 과거에 일어난 일이라면서요. 그런데 현재와 미래를 위한 거라뇨?"

왕수재가 눈을 가늘게 뜨며 따지듯 말했다.

"잘 이해가 안 되지? 음, 그럼 다른 방향에서 얘기를 해 보자. 일단 오늘은 우리의 역사적인 첫 만남이 이루어진 날이니까, 내 소개부터 할게. 나 용선생은 보다시피 잘생긴 총각 선생님이고, 나이는 서른여섯이다! 한창 청춘이지? 내 취미는 역

안녕하세용?
용선생이에용~
역사반
환영해용~

사 공부고, 특기도 역사 공부란다. 역사 공부를 하고 또 하다가 시간이 남으면 축구도 좀 하지. 흐흐. 머리는 꽤 좋은 편인데, 성격은 그보다 더 좋지. 인간성? 깜짝 놀랄 만큼 좋지!"

"끄응."

허영심의 입에서 흘러나온 소리에 용선생이 아이들을 살폈다. 모두들 표정이 굳어 가고 있었다.

"별로 재미없니? 하지만 다 사실이란다. 흐흐…… 어쨌든 중요한

건 말이다, 이런 식의 내 소개만으로는 뭔가 부족하다는 거지. 왜냐? 여기에는 나의 역사가 빠져 있거든. 지금의 나는 오늘 아침 하늘에서 뚝 떨어진 게 아니라, 한 살의 나, 열 살의 나, 스무 살의 나를 거쳐 온 사람이잖아. 그러니 너희가 나에 대해 좀 더 잘 알려면 나의 역사를 알아야만 하는 거야. 그래서 준비해 왔지, 이 선생님의 역사가 담긴 앨범!"

용선생이 주머니에서 손바닥만 한 앨범을 꺼냈다. 앨범을 펼치자 여러 장의 사진이 좌르르 펼쳐졌다. 용선생은 사진을 한 장씩 짚어 가며 아이들이 묻지도 않은 어린 시절 이야기들을 떠벌떠벌 늘어놓았다.

"어때, 나의 역사를 알고 나니 내가 어떤 사람인지 더 잘 알게 된 것 같지?"

아이들은 떨떠름한 표정을 지으면서도 용선생의 말이 틀린 건 아니라고 생각했다.

"역사란 이런 거야! 나의 역사를 빼놓고는 너희들이 나를 제대로 알 수 없는 것처럼, 한 사회나 나라를 제대로 이해하려면 꼭 알아야 하는 게 바로 그 사회나 나라의 역사거든. 우리나라 역사를 잘 알면 우리가 어떤 사람들인지, 우리가 지금 왜 이렇게 살고 있는지 금세 이해가 되지. 현재를 제대로 이해하면 그 미래도 올바른 방향으로 잘 꾸려 나갈 수 있지 않겠니? 그뿐만이 아니야. 역사를 공부

하면 다른 나라들에 대한 이해도 깊어지게 되지. 미국의 역사를 알
면 미국 사람들의 말과 행동이 이해가 되고, 아프리카의 역사를 알
면 아프리카 사람들의 생활 모습이 이해가 되지. 그러면서 서로 다
른 사회의 역사와 문화를 존중할 수 있게 되고. 자 어떠니. 역사를
공부하면 얻을 수 있는 게 참 많지 않니?"

용선생이 눈을 초롱초롱 뜨며 간절한 눈빛으로 아이들을 쳐다봤
다. 아이들이 조금씩이지만 고개를 끄덕이기 시작했다.

먼 옛날의 일들을 어떻게 알까?

"그런데 역사는 너무너무 많잖아요. 그 많은 걸 어떻게 다 알아요?"

두기의 걱정스런 목소리에 수재가 대수롭지 않다는 듯 말했다.

"어떻게 알긴? 그야 역사책을 보고 아는 거지."

"맞았어, 역사책을 보고 알 수 있지! 그런데 수재야, 네가 보는 역사책은 누가 썼을까?"

"역사를 공부한 사람이 썼겠죠."

"그래. 그 사람은 무엇을 보고 공부했을까?"

"그야 더 옛날 사람이 쓴 역사책이겠죠."

"오! 좋아. 역사가는 역사를 연구하기 위해 과거 사람들이 남긴 다양한 기록을 자료로 이용하는데, 이를 사료라고 한단다. 역사책도 물론 사료에 포함되지. 하지만 사료는 단지 역사책만 있는 건 아니란다. 옛날 사람들이 돌이나 금속에 문자를 새겨 놓은 것도 훌륭한 사료가 되지."

장하다가 들뜬 목소리로 말했다.

"저번에 제가 어느 계곡에 놀러가서 돌에다 글씨를 새겨 놨는데, 그것도 사료가 되나요?"

"나중에 하다가 역사책에 나올 만큼 훌륭한 사람이 되면 사료가 될 수도 있지. 그런데 말야, 시간을 더 거슬러 올라가서 옛날 사람

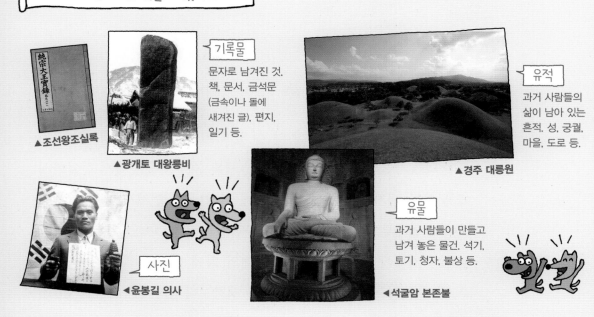

기록물
문자로 남겨진 것.
책, 문서, 금석문
(금속이나 돌에
새겨진 글), 편지,
일기 등.

▲조선왕조실록

▲광개토 대왕릉비

유적
과거 사람들의
삶이 남아 있는
흔적. 성, 궁궐,
마을, 도로 등.

▲경주 대릉원

유물
과거 사람들이 만들고
남겨 놓은 물건. 석기,
토기, 청자, 불상 등.

사진

◀윤봉길 의사

◀석굴암 본존불

이 문자를 남겨 놓은 역사책이나 돌, 금속이 없던 시절엔 어땠을
까? 아직 문자가 없던 시절 말이야."

순간 교실이 조용해졌다. 아는 척을 하고 싶은 왕수재도, 나서기
좋아하는 나선애도 가만히 있었다. 용선생이 다시 입을 열었다.

"신기하게도, 아무런 기록이 남아 있지 않다 해도 아는 수가 있어!
먼 옛날 인류가 처음 생겨났을 때부터 지금까지의 시간은 크게 두 시
대로 나눌 수 있어. 문자로 쓰인 기록이 남아 있지 않은 시대와 기록
이 남아 있는 시대. 기록이 없는 시대를 '선사(先史) 시대'라 하고, 기
록이 있는 시대를 '역사(歷史) 시대'라고 해."

선사 시대	역사 시대
문자로 된 기록이 남아 있지 않음	문자로 된 기록이 남아 있음

"우리가 옛날 일에 대해 잘 알 수 있게 된 것은 문자가 생겨나고 기록이 남겨지면서부터였다는 뜻이지. 물론 지구상 곳곳에서 한날한시에 문자가 생겨나 쓰이기 시작한 게 아니니까, 언제까지가 선사 시대이고 언제부터가 역사 시대라고 딱 잘라 말할 수 있는 건 아니야. 문제는 기록이 남아 있지 않은 시대의 일에 대해 우리가 어떻게 알 수 있느냐 하는 건데 말이야. 답은 생각보다 간단해. 문자로 된 기록은 없어도 다른 건 남아 있거든. 예를 들면 옛날 사람들이 쓰던 물건이나 살던 집터 같은 것들이 바로 그거야. 이런 걸 좀 어려운 말로 유물과 유적이라고 한단다. 그리고 유물과 유적을 찾아서 옛날 사람들이 살았던 모습을 연구하는 학문을 '고고학'이라고 부르지."

이때 아는 이야기가 나오자 신이 난 장하다가 끼어들었다.

"어? 저도 그런 거 알아요! 영화에 고고학자가 나오는 걸 봤어요. 막 박쥐들 나오는 동굴도 찾아다니고, 미라가 있는 무덤에도 들어가고⋯⋯. 맞죠?"

"그래. 고고학자는 숨어 있는 유물과 유적을 발견하는 탐험가야. 또 유물과 유적을 보고 옛날 사람들이 어떻게 살았는지 추리하는 탐정이기도 하지. 얘들아, 어떠냐? 너희도 고고학자가 되어 보고

싶지 않니?"

참으로 뜬금없는 용선생의 질문에 아이들은 눈만 껌벅거렸다. 한
사람, 장하다만 빼고.

"네, 꼭 되고 싶습니다!"

"이건 일급 비밀인데, 실은 우리 학교 뒷산에 유물이 묻혀 있다는
구나. 너희들 아직 몰랐지? 다른 고고학자들이 오기 전에 우리가
먼저 찾아내자! 지금 당장 갈까?"

아이들은 얼떨결에 용선생의 뒤를 따라 교실을 빠져나갔다.

유물아, 어디 어디 숨었니?

용선생과 아이들은 곧 학교 뒷산의 자연 학습장에 도착했다. 수업 시간에 갑갑한 교실을 벗어나 탁 트인 하늘을 볼 수 있다는 사실이 아이들을 은근히 들뜨게 했다.

"가만, 하다가 안 보이네? 산에 올라오기 전까진 분명히 있었는데……?"

용선생의 말이 떨어지기 무섭게 장하다가 커다란 삽을 메고 씩씩거리며 뛰어왔다. 그 모습을 본 나선애가 황당한 표정으로 물었다.

"야, 그 삽은 어디서 들고 온 거야?"

"응, 체육실 구석에 있던 거 가져왔어. 이 삽으로 유물을 푹푹 파내야지! 우히히!"

그런데 용선생이 삽을 휘두르는 장하다를 막아섰다.

"안 돼, 안 돼. 함부로 땅을 파헤치다가는 소중한 유물이 망가질 수도 있다고! 자, 이걸 쓰렴."

용선생은 아이들에게 꽃삽과 붓, 핀셋을 나눠 주었다.

"아, 이건 써 본 적이 없는데……."

하다가 입맛을 쩍 다셨다. 꽃삽을 받아 든 허영심은 볼멘소리를 하며 뒤로 물러섰다.

"흙이 묻으면 옷이 더러워진다고요. 전 구경만 할래요."

하지만 용선생이 낡은 지도 한 장을 펼쳐 보이자 곧바로 앞으로 나서며 고개를 들이밀었다. 유물이 묻혀 있는 곳을 표시해 둔 지도였다.

"봐라, 여기 네 곳에 유물이 묻혀 있어. 그러니까 선애, 수재, 영심이가 각자 한 곳씩 맡아 파면 되겠다. 나머지 하나는 하다와 두기가

청동기 시대 집터 유적지 사진 속의 하얀 선은 사진 촬영을 할 때 유적의 위치와 크기가 더 잘 보이도록 유적의 테두리를 표시해 놓은 거야.

한 팀이 되어서 맡고. 유물이 나오면 꼭 사진을 찍거나 그림을 그려 둬야 해. 발굴 과정을 꼼꼼하게 적어야 한다는 것도 잊지 말고. 오늘은 여기 선생님이 가져온 공책에다 그림을 그리고 기록을 남기자. 좋아, 이제 시작해 볼까?"

아이들은 각자 지도에 표시된 자리로 가서 쪼그리고 앉아 조심스레 땅을 뒤적이기 시작했다. 1분, 2분…… 5분이 흘렀다. 그러고도 한참이 지나도록 아무것도 나오지 않자, 아이들은 어느새 흥미를 잃어버렸다.

"어휴, 대체 유물이 어디 있다는 거야?"

장하다가 꽃삽을 내팽개치자 다른 아이들도 손을 멈추고 투덜거

1. 자료 찾기
옛날 책이나 관련 자료들을
먼저 살펴 보면서 유물이
나올 만한 곳이 어디인지
알아봐.

2. 지표 조사
유물이 나올 만한 곳으로 가서 땅 위로
드러난 유물과 유적을 찾아보는 거야.

려다.

"여기 정말 유물이 있긴 있는 거예요?"

그러자 용선생이 큰일이라도 났다는 듯 눈을 크게 치떴다.

"이런, 이런! 얘들아, 그런 마음으로 어떻게 유물을 발견할 수 있
겠니? 꼭 있을 거다, 내가 꼭 찾아낼 거다, 이런 믿음이 있어야 위
대한 발견을 할 수가 있는 거야!"

그 말에도 아이들은 여전히 시큰둥했다.

"안 되겠다. 이리 와 봐. 선생님이 재미있는 이야기를 해 줄게."

재미있는 이야기라는 말에 곽두기가 먼저 쪼르르 용선생 곁으로
달려왔다.

"지금부터 200년쯤 전에, 독일에 한 아이가 살고 있었어. 이름은
하인리히 슐리만. 슐리만은 일곱 살 크리스마스 때 책을 한 권 선

3. 시굴 조사
'시굴'은 시험 삼아 파 보는 것을 말해. 어떤 유물이 있는지 알기 위해 일부분만 파 보는 거지.

4. 정밀 발굴 조사
유적지라는 확신이 들면 본격적으로 발굴 시작! 유물과 유적이 확인될 때마다 꼼꼼히 기록하고, 훼손되지 않도록 조심해야 해.

물 받았는데, 아주 신기한 내용들이 많이 들어 있는 역사책이었어. 슐리만은 그 책에 실린 이야기들 중에서 특히 트로이에 대한 전설을 무척 좋아했단다. 트로이는 까마득한 옛날에 있었다고 전해지는 고대 도시였어. 도깨비나 요정처럼 상상 속에나 존재하는 것으로 여겨지는 도시였지. 그런데 트로이의 전설 이야기에 반해 버린 슐리만은 어른이 되면 꼭 자기 손으로 트로이의 성과 트로이 왕의 보물들을 찾아내겠다고 결심을 했어."

"어머, 산타클로스한테 편지 쓰는 애들하고 똑같네요?"

허영심은 슐리만이 귀엽게 느껴지는 모양이었다.

"응, 슐리만의 아버지도 그렇게만 생각했어. 그래서 트로이 성의 그림에 푹 빠져 있는 아들에게 이렇게 말했지. '애야, 이 그림은 그냥 상상으로 그린 거란

하인리히 슐리만
(1822~1890)
독일에서 가난한 시골 목사의 아들로 태어났어. 트로이를 찾기 위해 영어, 이탈리아어, 라틴어, 아랍어 등 다양한 외국어를 공부했지.

다.' 하지만 슐리만은 그 말을 듣지 않았어. '아니에요. 트로이는 정말로 있었을 거예요. 저렇게 튼튼하고 멋진 성인걸요. 틀림없이 아직도 땅속에 묻혀 있을 거예요!' 슐리만의 생각은 그가 나이를 먹어 어른이 된 뒤에도 바뀌지 않았어."

"쯧쯧…… 빨리 꿈에서 깰 일이지."

왕수재가 안됐다는 듯 혀를 차며 말했다.

"집이 가난했던 슐리만은 열네 살에 학교를 그만두고 가게에서 일하기 시작했어. 그는 그렇게 번 돈을 아끼고 아껴서 외국어를 배우는 데 썼지. 지구상 어딘가에 묻혀 있을 트로이의 흔적을 찾으려면 여러 나라 말을 할 줄 알아야 된다고 생각했거든. 그래서…… 놀라지 마라, 그는 무려 15개 나라의 말을 익혔다는구나."

아이들 사이에서 "와~" 하는 감탄이 흘러나왔다.

"열심히 일한 슐리만은 어찌어찌 부자가 되었어. 그리고 마흔여섯 살, 좀 있으면 할아버지 소리를 들어야 할 나이에 세계 여행을 떠났어. 마침내 트로이를 찾아 나선 거야! 그 다음…… 어떻게 되었을 것 같니?"

"찾았군요!"

곽두기의 들뜬 목소리에 수재가 다시 혀를 찼다.

"야, 말이 되냐? 상상 속의 도시를 어떻게 찾아?"

"아니야, 두기 말이 맞았단다. 슐리만은 정말 트로이를 찾아냈어!

부, 부러워!

몇 번이나 죽을 고비를 넘길 정도로 고생고생을 한 끝에, 지금의
튀르키예 지역에서 트로이의 유적을 발굴했어. 전설 속 도시로만
알았던 트로이가 눈앞에 나타나자 온 세상 사람들이 깜짝 놀랐지.
어떠냐, 정말 대단하지?"

뜻밖의 결말에 아이들의 입이 헤벌어졌다.

"어릴 적 꿈대로 전설 속의 도시를 찾아내다니, 꼭 동화 같은 얘
기네요."

허영심이 스르르 눈을 감으며 중얼거렸다.

장하다는 꽃삽을 찾아 쥐고 벌떡 일
어섰다.

"좋아, 나도 세상을 발칵 뒤집어 놓
을 유물을 발굴할 테다!"

"형아, 나도 나도!"

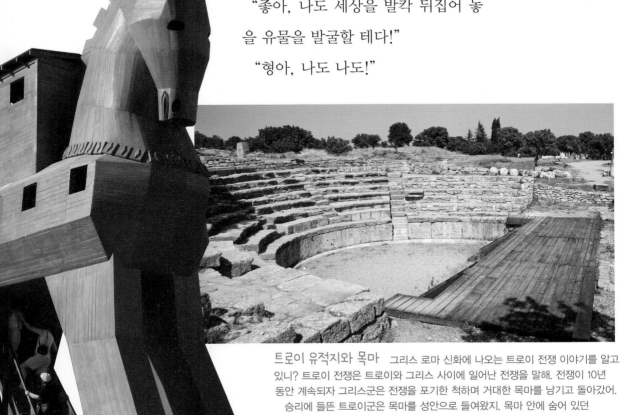

트로이 유적지와 목마 그리스 로마 신화에 나오는 트로이 전쟁 이야기를 알고
있니? 트로이 전쟁은 트로이와 그리스 사이에 일어난 전쟁을 말해. 전쟁이 10년
동안 계속되자 그리스군은 전쟁을 포기한 척하며 거대한 목마를 남기고 돌아갔어.
승리에 들뜬 트로이군은 목마를 성안으로 들여왔지. 목마 안에 숨어 있던
그리스군이 성문을 열어 줌으로써 전쟁은 그리스의 승리로 끝이 났어.

곽두기도 팔을 걷어붙였다. 다시 힘이 솟은 아이들이 제자리로 돌아가 꽃삽을 휘두르기 시작했다.

"와~ 찾았다!"

얼마 뒤, 드디어 나선애의 입에서 탄성이 울려 퍼졌다. 뒤이어 다른 아이들도 하나둘씩 유물을 찾아냈다. 흙 속에서는 자꾸자꾸 새로운 물건들이 나왔다. 돌도끼, 녹슨 칼, 항아리 조각, 정체를 알 수 없는 뼈다귀까지.

"이야, 진짜 많이 찾았다!"

아이들 모두 뿌듯한 얼굴이었다. 용선생 역시 흐뭇한 듯 말했다.

"자아, 애들아. 조심조심 유물을 교실로 갖고 가자. 유물들을 깨끗하게 닦아서 전시해 보는 거야."

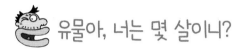 유물아, 너는 몇 살이니?

교실로 돌아온 아이들은 자신들이 발굴한 유물을 정성스레 수건으로 닦고, 깨어진 조각은 이리저리 꿰맞추었다.

"조각 하나가 어디 있지? 아, 여기 있다! 선생님, 다 맞췄어요!"

흙투성이가 된 손을 원피스 자락에 문지르며 허영심이 환호성을 질렀다.

"모두들 수고했다. 이제 교실 뒤에 유물들을 전시해 보자."

용선생의 말이 떨어지기 무섭게 아이들은 각자 유물을 죽 늘어놓았다. 하지만 생각보다 모양새가 좋지 않았다.

"그냥 다 늘어놓으니까 정말 어수선해 보이지? 종류별로 나눠서 전시해야 할 것 같은데, 어떻게 구분하면 좋을까?"

용선생의 말에 아이들은 "색깔별로?", "크기별로?", "아니야, 예쁜 순서대로 진열하자" 등의 이야기를 하며 옥신각신했다.

"얘들아, 그런데 200년 전쯤에 지금 우리랑 똑같은 고민을 했던 사람이 있어."

"그래요? 그게 누군데요?"

"덴마크의 크리스티안 톰센이라는 고고학자야. 톰센은 박물관 관장이기도 했는데, 고대 유물을 어떤 기준에 따라 나누어 전시할까 하는 문제로 많은 고민을 했대. 어떤 게 앞선 시대의 유물이고 어

크리스티안 톰센
(1788~1865)
'선사 고고학의 아버지'
로 불리는 톰센은
원래 골동품을 모으는
수집가였어. 골동품을
체계적으로 정돈하는 걸
좋아했던 그는 박물관
창고에 쌓여 있는
유물들을 재료에 따라
구분하는 방법을 만들어
냈어.

떤 게 그 다음 시대의 유물인지 도통 알 수가 없었거든. 이리저리 궁리하던 톰센은 유물들 사이에 공통점이 있다는 걸 발견했어. 바로 유물의 재료였어. 어떤 유물들은 돌로 만들어져 있고, 어떤 것들은 청동으로, 또 어떤 것들은 철로 만들어져 있었거든. 톰센은 이렇게 재료에 따라 유물을 분류하다가 아주 중요한 사실을 알게 됐어. 바로 그 재료의 순서대로 시대가 발달했다는 거! 그러니까 옛날 사람들은 처음에 돌로 도구를 만들었고, 다음에 청동으로 도구를 만들었고, 그 다음엔 철로 도구를 만든 거야. 이에 따라 톰센은 역사를 석기, 청동기, 철기 시대로 나누었지. 그 뒤로 유물을 연

구하는 방법은 점점 더 발전했어. 오늘날에는 유물에 들어 있는 아주 작은 입자를 조사해서 그 유물이 대략 몇 세기에 만들어졌는지까지 알아낼 수 있단다.

그러자 장하다가 뼈다귀에 돋보기를 들이대며 한마디 했다.

"이건 아마도 기원전 4세기의 뼈인 것 같습니다만…….."

그 말에 곽두기가 대단하다는 표정을 지으며 하다에게 물었다.

"형, 그게 무슨 말인데? 기원전은 뭐고, 세기는 또 뭐야?"

"어? 그건 말이지……. '기원전'은 '기원후'의 반대말인데, '기원'이 뭐냐 하면, 그러니까 소원이랑 비슷한 말인가? '세기'는 '약하기'의 반대말……. 아, 이게 아닌데!"

장하다가 용선생에게 도와 달라는 눈빛을 보냈다. 그러자 용선생이 큭큭 웃으며 말했다.

"중요한 말이 나왔구나. 기원전이니 세기니 하는 말들은 역사를 공부할 때 자주 나오는 말이거든. 여기서 '기원'이란 '기준이 되는 해'라는 뜻인데 예수가 태어난 해를 가리켜. 그러니까 예수가 태어난 해를 기준으로 삼아서 연도를 세는 방법이지. 그럼 두기야, '기원전'은 뭘까?"

"기원이 예수가 태어난 해라고 했죠? 그럼 예수가 태어나기 전?"

"그렇지!"

곽두기가 조심스럽게 물었다.

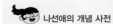

나선애의 개념 사전

기원후
우리가 늘 사용하는 연도 앞에는 '서기(기원후)'라는 말이 생략되어 있어. '서기'는 '서양 달력 기원'의 줄임말이야. 예전엔 서양에서만 서기를 썼지만 지금은 전 세계의 많은 나라들이 서기를 쓰고 있어.

"그럼 부처님을 기준으로 연도를 세는 방법은 없나요?"

"물론 있지. 그것은 '불기'라고 해. 다만 불기는 부처님이 돌아가신 해인 기원전 544년을 기준으로 연도를 세는데, 서기에 544년을 더하면 된단다. 서기 2022년은 불기로는 2566년이 되지. 우리나라에는 단기라는 게 있어. 단군왕검이 나라를 세운 해인 기원전 2333년을 기준으로 삼는데, 서기에 2333년을 더하면 된단다."

무언가를 열심히 계산하고 있던 왕수재가 용선생의 말이 끝나기가 무섭게 외쳤다.

"그럼 2022년은 단기로는 4355년이군요!"

"수재가 맞췄네. 자 그럼, '세기'에 대해 알아보자. 세기는 100년을 한 묶음으로 시간을 세는 단위야. 그러니까 1년부터 100년까지의 시기를 1세기, 101년부터 200년까지의 시기를 2세기라고 부르는 거지. 그럼 여기서 문제! 1800년은 몇 세기에 포함될까?"

기원전 2세기	기원전 1세기	기원후 1세기	기원후 2세기
−200년∼−101년	−100년∼−1년	1년∼100년	101년∼200년

"19세기죠!"

왕수재가 자신만만하게 소리치자, 나선애도 질 수 없다는 듯 토를 달았다.

"내 생각엔 18세기 같은데?"

"정답은…… 두둥, 두둥, 18세기입니다! 얼핏 생각하면 1800년이 19세기일 것 같지? 하지만 1세기가 1년부터 100년까지니까, 1701년 부터 1800년까지의 기간이 18세기가 되는 거야. 19세기는 1801년 부터 1900년까지고. 그러니까 1800년은 18세기에 들어가는 거지."

"아하!"

그제야 궁금증이 풀린 듯 두기가 경쾌한 목소리로 외쳤다.

용선생은 먼지와 땀으로 범벅이 된 얼굴을 수건으로 훔치며 아이 들의 얼굴을 살폈다.

'휴, 이만하면 첫 수업치고는 성공적이야. 저 표정들! 벌써 아이 들이 나를 존경하기 시작했어!'

그때 항아리 조각을 만지작거리던 두기가 나선애를 불렀다.

"누나, 그런데 여기 뭐라고 써 있는 거야?"

선애가 항아리 조각에 쓰인 희미한 글씨를 읽어 주었다.

"메이드 인 차이나. 1000원."

순간, 아이들의 표정이 딱딱하게 굳었다.

"그게 무슨 뜻이야?"

두기의 눈이 휘둥그레졌다.

"적어도 이게 수천 년 전 유물은 아니라는 뜻이지."

왕수재가 퉁명스럽게 대꾸했다.

"앗, 세상에! 이 뼈다귀는 플라스틱이잖아."

이번에는 장하다가 소리쳤다. 그러자 허영심은 허탈한 표정으로 흙먼지가 덕지덕지 묻어 있는 원피스 자락을 내려다보았다. 곽두기는 "히잉" 하며 의자에 털썩 주저앉았다.

"속았다. 으으…… 선생니임!"

나선애의 눈빛이 심상치 않았다. 용선생은 슬금슬금 뒷걸음질을 쳤다.

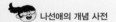

나선애의 개념 사전

인류

'인류'란 말은 사람을 다른 동물과 구별할 때 쓰는 말이야. 그리고 '인간'과 '사람'은 비슷한 뜻인데 인간은 한자어고, 사람은 순우리말이지.

"얘들아, 미안…… 이게 다 고고학 체험을 실감 나게 하려고 그런 거야. 재미는 있었잖아? 하…… 하하. 다음 시간에는 최초의 인류와 구석기 시대 사람들의 이야기를 들려줄게. 그럼 오늘 수업 끝!"

말을 마친 용선생은 잽싸게 교실 문을 나섰다.

나선애의 정리노트

1. 역사는 '과거와 현재의 끊임없는 대화'

2. 역사의 두 가지 의미

사실로서의 역사	기록으로서의 역사
실제로 일어났던 모든 일들	역사책에 기록된 중요한 일들

3. 선사 시대와 역사 시대

선사 시대	역사 시대
문자로 된 기록이 남아 있지 않음	문자로 된 기록이 남아 있음

4. 도구로 시대를 나눈다!

석기 시대		청동기 시대	철기 시대
구석기 시대	신석기 시대		

5. 기원과 세기란?

기원전		기원후	
-200 ~ -101	-100 ~ -1	1 ~ 100	101 ~ 200
기원전 2세기	기원전 1세기	기원후 1세기	기원후 2세기

✿ 세기=100년을 하나로 묶은 것
✿ 기원전은 영어 약자로 BC(Before Christ), 기원후는 AD(Anno Domini)라고 쓴다.

용선생의 역사 카페

역사계의 슈퍼스타,
용선생의 역사 카페에
오신 걸 환영합니다

Log in

게시판 ⌄

📄 역사가 제일 쉬웠어용!
📄 이제는 더~ 말할 수 있다!
📄 필독! 용선생의 매력 탐구
📄 전교 1등 나선애의 비밀 노트

엿장수와 국보

전라남도 화순 대곡리에 살던 구〇〇 씨. 1971년 8월 어느 날, 집 주위에 물이 고여 넘치자 도랑을 내서 물을 빼기 위해 땅을 파기 시작했어. 그런데 세상에, 땅 아래에서 지저분한 고물들이 잔뜩 나온 거야. 이것들이 뭘까 고민해 봐도 알 길이 없었지. 한참 생각하던 구씨는 '에라 모르겠다!' 하고 때마침 동네를 돌던 엿장수에게 엿을 받고 고물들을 넘겼어.

그런데 고물을 받아 챙긴 엿장수는 기분이 찜찜했어. 온갖 물건을 다뤄 본 오랜 경험에 비추어 볼 때, 이 고물들은 뭔가 막 다루면 안 될 것 같은 느낌이 마구 든 거지. 게다가 땅을 파다가 나온 물건들이라니, 더더욱 뒤통수가 서늘했던 거야.

청동 거울   청동 방울

결국 엿장수는 자신의 '감'을 믿고, 고물들을 전남 도청에 신고했어. 엿장수의 감은 정확했지. 아니, 오히려 이 고물들은 엿장수의 감을 훨씬 뛰어넘는 물건들이었어.

고고학자들이 급하게 달려와 조사를 한 결과, 구씨의 집터는 2,400년 전쯤 청동기 시대에 화순 일대를 다스린 지배자의 무덤이었던 것으로 드러났어. 지저분하게만 보이던 고물들도 우리나라 청동기 시대의 대표 유물들로 밝혀졌지. 청동 거울, 청동 방울, 세형 동검 등 총 11점이었어. 얼마나 중요한 유물이었는지, 이듬해에 바로 국보로 지정될 정도였어.

하마터면 고물로 녹아 없어질 소중한 유물을 알아보고 신고한 엿장수, 정말 대단하지? 그래서 국가에서 보상을 해 주려고 이 엿장수를 찾았는데, 홀연히 사라져 버렸다지 뭐야. 이처럼 유물과 유적에 얽힌 드라마틱한 사연은 셀 수도 없이 많아. 학자들이 깔고 앉았던 편평한 돌이 알고 보니 신라 시대 비석이었는가 하면, 2003년 한반도를 덮친 태풍 '매미'로 인해 무려 8,000년이나 된 배가 창녕 비봉리에서 모습을 드러내었고 말이야. 사연 한번 다양하지?

세형 동검

COMMENTS

장하다 : 이야! 그럼 나도 땅 파다 보면 유물을 찾을 수 있겠네!

↳ 나선애 : 글쎄다. 네가 하려는 건 그냥 '삽질'이 아닐까?

한국사 퀴즈 달인을 찾아라!

01 ★★☆☆☆

역사는 두 가지 뜻이 있대! 바로 '사실로서의 역사'와 '기록으로서의 역사'야. 그럼 아래의 일들 중에 '기록으로서의 역사'를 모두 골라 볼래? (   )

① 허영심이 가족과 놀러가기 위해 자동차를 타고 한강 다리를 건넜어.

② 조선 시대 왕 정조는 아버지 무덤에 가기 위해 배다리를 타고 한강을 건넜지.

③ 이순신 장군은 임진왜란에서 왜군과 싸워 큰 승리를 거뒀어.

④ 장하다가 오늘 교실에서 친구랑 싸움을 했어.

02 ★☆☆☆☆

멀고 먼 옛날에 일어난 일을 무엇을 보고 알 수 있다고 했더라?

> 첫째, 옛날 사람들이 남긴 물건. 이걸 (ㄱ) 이라고 해.
> 둘째, 옛날 사람들이 남긴 발자취. 이걸 (ㄴ)이라고 해.

(ㄱ)과 (ㄴ)에 들어가야 할 말을 아래에서 골라 볼래? (   )

	(ㄱ)	(ㄴ)
①	유물	유적
②	유적	유물
③	유모	유적
④	유적	유모

03  ★★☆☆☆

앗, 역사반 아이들이 뭔가 재미있는 이야기를 하고 있네. 그런데 누군가 틀린 말을 하고 있어. 그게 누구일까? (   )

 ① 역사는 '현재'와 '미래'를 위한 것이기도 하대.

 ② 문자 기록이 없는 시대의 역사는 유물과 유적을 통해 알 수 있지.

 ③ 유물은 크기별로 분류하는 게 가장 좋아.

 ④ 무슨 소리! 덴마크의 고고학자 톰센은 유물을 돌, 청동, 철로 나누어 전시했다고.

05  ★★★★★

장하다가 연도 표기 방법에 대해 이야기를 하고 있어. 빈칸에 들어갈 단어에 대한 설명으로 옳지 않은 것은 무엇일까? (   )

> 임진왜란이 일어난 연도 1592년, 우리나라가 일본으로부터 독립한 연도 1945년처럼 우리가 쓰는 연도를 ○○라고 해.

① 부처님이 돌아가신 이후를 말한다.

② 예수가 태어난 해의 이후를 말한다.

③ '서양 달력 기원'이라는 말을 줄여서 '서기'라고 한다.

④ 예전에는 서양에서만 썼지만 지금은 많은 나라들이 쓴다.

04  ★★★☆☆

다음 사람들은 몇 세기에 태어난 사람들인지 맞혀 봐.

- 1960년생 교장 선생님 (세기)

- 2003년에 태어난 국가 대표 축구 선수 (세기)

- 기원전 200년에 태어났다고 우기는 용선생 (세기)

• 정답은 269쪽에서 확인하세요!

구석기 시대 동굴 속으로

인류는 이미 아주 오래전부터 침팬지나 원숭이와는 다른
인간만의 길을 걷기 시작했어. 증거가 있냐고?
그럼! 짐승처럼 네 발로 걷는 게 아니라 두 발로 걷고, 대신 두 손으로는
도구를 사용하게 된 것이 가장 큰 증거야. 인류는 손이 자유로워지자
처음에는 제일 구하기 쉬운 돌로 도구를 만들어 쓰기 시작했어.
돌로 만든 도구의 사용, 이게 바로 구석기 시대의 시작이란다.

390만 년 전

최초의 인류가
등장하다

구석기
시대가
시작되다

신석기
시대가
시작되다

청동기
시대가
시작되다

위만이
고조선의
왕이 되다

주몽이
고구려를
세우다

70만 년 전　　　　**BC 8000년경**　　　　**BC 2000년경**　　　　**BC 2세기 초**　　　　**BC 37**

단양 금굴

"안녕, 얘들아! 다시 만나니까 너무너무 반갑다, 그치?"

용선생이 두 팔을 활짝 벌리고 아이들을 맞았다. 하지만 아이들은 미꾸라지처럼 요리조리 용선생의 팔을 피해 자리에 가 앉았다. 무안해진 용선생이 마지막으로 들어온 장하다를 향해 달려드는데, 뜻밖에도 하다가 고개를 깊이 숙이며 인사를 했다.

"선생님, 전 작별 인사를 하러 왔어요. 아무래도 역사반에 계속 있을 수가 없겠어요. 그러니 안녕히 계세요."

"뭐? 아니, 하다야! 왜 그러는데? 지난 시간에 재미있어 했잖아!"

그만 배울래요~
역사는 너무
길어요~

"그렇긴 했지만 역시 역사는 저랑 안 맞는 것 같아요. 우리 아빠가 그러시는데 지구가 생겨난 게 수십억 년 전이래요. 도대체 그 긴 역사를 어떻게 다 배워요? 그건 우리가 할아버지, 할머니가 되도록 배워도 안 될 거라고요."

그 말에 허영심이 "꺅" 하고 낮은 비명을 질렀다.

"하다야, 뭘 그런 걸 가지고 걱정이야? 겁먹을 거 없어! 우리가 공부할 인류의 역사는 알고 보면 아주 짧아!"

용선생이 장하다의 손을 잡아끌며 명랑한 목소리로 외쳤다.

"에이, 선생님! 무슨 그런 말도 안 되는 말씀을……. 수십억 년이 짧다뇨!"

장하다는 엉거주춤 자리에 앉으며 콧방귀를 뀌었다.

"못 믿겠으면 여길 봐."

용선생은 칠판을 가리고 있던 커튼을 열어젖혔다. 칠판에는 하루의 시간표가 붙어 있었다.

원숭이 친척에서 인간이 되기까지

"얘들아, 이 시간표는 보통 시간표가 아니야. 지구의 역사를 알려 주는 지구 시간표라고! 물론 지구의 나이는 약 46억 살 가까이 되지만, 그건 너무 큰 숫자라 실감이 안 나잖아. 그러니 그 시간을 하루라고 잡고 생각해 보자는 거지. 자, 여기서 퀴즈! 그렇다면 이 지구 시간표에서 볼 때 사람이 처음 생겨난 때는 몇 시 몇 분에 해당할까요?"

용선생의 질문에 아이들이 각자 목소리를 높였다.

"모를 땐 무조건 1번을 찍는 거야. 오전 1시 1분이요!"

"내가 좋아하는 숫자인 오전 7시 7분이요!"

그러자 왕수재가 한심하다는 듯 말했다.

"쯧쯧쯧, 책 좀 읽어라. 사람이 생겨난 건 아주 늦은 때라고. 그러니까 정답은 오후 11시 20분 정도가 분명합…….."

"땡! 아쉽지만 모두 틀렸어. 이 시간표에서 지구상에 처음 사람이 생겨난 때를 찾아보면, 하루 24시간 중에서도 거의 자정에 다다르는 오후 11시 58분쯤이지."

아이들의 눈이 동그래졌다.

"그럼 우리가 배울 인류의 역사는 3분도 안 되는 짧은 시간이네.

그렇지, 하다야?"

장하다가 얼떨떨한 표정으로 고개를 끄덕였다.

"너무 놀랄 것 없어. 지구상에 최초의 인간이 등장한 게 390만 년 전이거든. 지구의 나이 46억 년을 하루로 잡고 계산해 보면 390만 년 전이라는 시기는 오후 11시 58분이 되지. 이렇게 계산하고 보니 인간의 역사가 얼마나 짧은지 실감 나지? 자, 그럼 390만 년 전에 등장한 최초의 인간은 누구일까?"

용선생은 아이들에게 사진 한 장을 보여 주었다.

"짜잔, 바로 이 사람이야!"

"윽! 너무 못생겼다. 완전 털북숭이 원숭이잖아."

허영심이 인상을 찌푸렸다.

오스트랄로피테쿠스
-아파렌시스
390만 년 전
두 발로 걷고 간단한
도구를 사용.

"그래, 아직 사람보다는 원숭이나 침팬지에 가까워 보이지? 그래서 이름도 '남쪽의 원숭이'라는 뜻을 지닌 '오스트랄로피테쿠스'야. '오스트랄로'는 남쪽이란 뜻이고 '피테쿠스'는 원숭이란 뜻이거든."

"이름에 왜 '남쪽'이란 말이 들어갔어요?"

"그건 오스트랄로피테쿠스의 흔적이 대부분 아프리카 남쪽에서 발견되었기 때문이야."

"아프리카는 엄청 더운 곳이라던데, 그 오스트…… 그 사람들은 왜 거기 살았어요?"

빙하기 지구의 기온이 내려가 육지의 상당 부분이 얼음으로 덮인 시기를 말해. 빙하기에 비해 상대적으로 따뜻한 지금과 같은 시기는 간빙기라고 하지. 지구가 만들어진 이래 빙하기와 간빙기는 번갈아 되풀이되었어.

곽두기가 물었다.

"390만 년 전쯤에는 지구가 빙하기였거든. 남극 바다 위에 떠 있는 빙하 알지? 커다란 얼음덩어리 말이야. 그런 얼음덩어리들이 전 세계 곳곳을 뒤덮고 있었지. 그만큼 지구의 날씨가 추웠던 거야. 그러니까 지구에서 온도가 가장 높은 아프리카가 당시엔 사람이 살기 제일 좋은 곳이었던 거지. 자, 이번엔 오스트랄로피테쿠스 이후에 생겨난

또 다른 인류의 조상들을 소개할게. 호모 에렉투스는 약 180만 년 전쯤 등장했는데, 이들은 불을 사용했고, 간단한 말을 할 수 있었

어. 그 다음으로 호모 네안데르탈렌시스가 약 40만 년 전쯤 등장하는데, 이들은 사람이 죽으면 그 시체를 땅속에 묻고 매장하는 풍습이 있었지. 마지막으로 현재 인류의 직접적인 조상인 호모 사피엔스는 약 20만 년 전 쯤에 나타났단다!"

"히야, 어떻게 이렇게 달라졌을까?"

곽두기가 신기하다는 듯, 사진을 뚫어져라 쳐다보았다.

"그런 걸 '진화'라고 하는 거야."

왕수재가 아는 척을 하자, 용선생이 칠판에 '진화(進化)'라는 한자를 써 주었다.

"나아갈 진에 될 화네요?"

"와! 두기가 한자 박사라고 소문이 자자하더니 정말이구나?"

용선생의 칭찬에 두기의 얼굴이 발그레해졌다.

"하루아침에 뚝딱 바뀌는 게 아니라, 천천히 나아가면서 바뀌어 가는 게 바로 진화야. 인간은 오랫동안 진화하면서 다른 동물과는 다른 여러 가지 특징을 보이게 됐어. 가장 큰 특징 중 하나는 두 발로 서서 걸었다는 거야. 이걸 어려운 말로 '직립 보행'이라고 하지. 두 발로 걸으면 네 발로 걷는 것에 비해 어떤 점이 좋을까?"

아이고 허리가 먼저 나가겠네…

용선생의 말이 끝나자마자, 장하다가 벌떡 일어나 두 발에 힘을 주고 쿵쿵 걸어 다니기 시작했다. 그러자 곽두기도 바닥에 척 엎드려

원숭이의 손 원숭이는 엄지손가락이 짧아서 연필을 쥐고 글씨를 쓰거나 젓가락질을 하기 힘들어.

엉금엉금 기었다. 그 모습을 본 허영심이 황당하다는 듯 말했다.

"어휴, 너네는 그걸 꼭 직접 해봐야만 아니?"

"응!"

당당하게 대답한 장하다가 손에 묻은 먼지를 털어 내는 두기를 빤히 보다가 "아하!" 했다.

"실험 결과! 네 발로 걸으면 손을 못 쓰고, 두 발로 걸으면 손을 쓸 수 있습니다."

"오, 하다와 두기가 실험을 통해 중요한 걸 찾아낸 것 같은데! 그래, 사람은 두 발로 걷게 되면서 손을 자유롭게 사용할 수 있게 되었어. 게다가 사람의 손은 원숭이하곤 다르게 생겼어. 가장 큰 차이는 바로 엄지손가락이야. 원숭이의 앞발에 있는 엄지는 사람처럼 크지 않아서 별로 할 수 있는 일이 없거든. 하지만 사람의 엄지손가락은 크고 잘 발달되어 있어서 다른 네 개의 손가락과 끝을 마주 대고 힘을 줄 수도 있지. 아주 조그만 물건을 집거나, 나사 같은 것을 손으로 돌릴 때, 종이를 찢을 때를 생각해 봐. 엄지손가락이 얼마나 큰 역할을 하는지 금방 알 수 있지? 이 엄지손가락 덕분에 우리는 마음껏 손을 놀릴 수 있는 셈이야."

용선생의 설명을 들은 아이들은 저마다 새삼스레 손가락을 이리저리 움직여 보았다.

돌멩이, 훌륭한 도구로 변신하다

"그때 사람들은 손으로 뭘 했는데요?"

곱게 봉숭아 물이 든 손톱을 들여다보던 영심이 물었다.

"아주 많은 일을 했지. 막대기를 들고 식물의 뿌리를 캐기도 했고, 짐승이 공격해 오면 돌멩이를 던져서 쫓아내기도 했어. 그러다 오랜 시간이 흐른 후에는 손으로 더욱 중요한 일을 할 수 있게 되었어. 바로 도구를 만들어서 사용하게 된 거야! 이것이 인간과 다른 동물을 구별해 주는 또 하나의 특징이지."

"선생님, 동물 백과에서 봤는데 침팬지도 돌이나 나뭇가지 같은 걸 사용하던데요."

왕수재가 따지듯 말했다.

"그건 좀 달라. 원숭이는 주변에 있는 물건을 있는 그대로 사용하는 거야. 그러나 인간은 필요한 도구를 직접 손으로 만들어 사용했어. 손으로 만든다, 이게 아주 중요해."

"그럼 당시 사람들은 무얼 가지고 도구를 만들었어요?"

나선애가 물었다.

핸드폰은 우정을 나누는 '도구'지~

"저번에 인류의 역사를 석기 시대, 청동기 시대, 철기 시대로 나눈다고 배웠지? 그게 바로 도구의 재료에 따라 시대를 나눈 거였 잖아. 사람들이 처음 도구를 만들 때 쓴 재료는 바로 돌이었어. 주

몸돌과 격지 자연 그대로의 돌을 몸돌(왼쪽)이라고 하고 힘을 줘서 떼어 낸 돌을 격지(오른쪽)라고 해.

위에서 얼마든지 쉽게 구할 수 있는 것이었으니까. 돌멩이는 다른 돌멩이로 세게 내리치면 쉽게 두 동강이 나. 최초의 인류는 이렇게 돌을 깨트리거나 떼어 내서 도구로 사용하기 시작했단다. 돌로 만든 도구를 사용해서 짐승을 사냥하거나 나무를 쓰러뜨렸지. 이렇게 돌을 도구로 사용한 시대가 석기 시대인데, 석기 시대는 또다시 둘로 나뉘어. 구석기 시대와 신석기 시대."

"아니, 왜 또 나눠요? 공부할 거 많아지게!"

장하다가 눈살을 찌푸렸다.

"내가 나눈 거 아니다. 영국의 고고학자 존 러벅이 그런 거지."

"저…… 선생님, 옛 구(舊) 자랑 새 신(新) 자를 붙인 거죠?"

떼석기 구석기 시대 최대의 발명품인 떼석기야. 돌을 깨트려 끝을 날카롭게 만들었어.

간석기 신석기 시대를 대표하는 간석기야. 떼석기를 갈아서 날을 더욱 날카롭게 세웠어.

두기가 수줍게 말하자, 용선생이 손뼉을 짝 쳤다.

"그래, 맞았어! 석기 중에도 '옛날 석기', '새로운 석기'가 있었던 거야. 옛날 석기는 뭐냐 하면 돌을 떼어 내서 만든 도구야. 이런 걸 '떼석기'라고 해. 처음엔 그냥 떼석기만 쓰던 사람들이 나중엔 돌을 바위 같은 데에 문질러 갈아 쓰기 시작했어. 갈아서 만든 석기라서 이걸 '간석기'라고 하지. 그러니까, 떼석기를 사용한 시대는 구석기 시대, 간석기를 사용한 시대는 신석기 시대인 거야. 오늘은 먼저 구석기 시대에 대해 알아보자. 구석기 시대는 약 1만 년 전까지 이어졌어. 뭐라고? 빨리 알고 싶다고? 좋아, 그럼 구석기 시대 모습을 알아보러 가자. 출발!"

씩씩하게 외친 용선생이 대뜸 일어나 교실 문을 향했다.

"어? 우린 알고 싶다고 한 적 없는데……."

"선생님 혼자 묻고 답하고 다 하시네."

"그런데, 이번엔 또 어딜 가는 걸까?"

아이들은 구시렁거리면서도 서둘러 용선생의 뒤를 따라 나섰다. 운동장에는 노란색 미니버스 한 대가 서 있었다. 용선생이 으스대며 말했다.

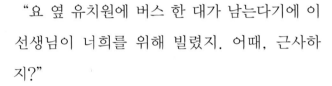

"요 옆 유치원에 버스 한 대가 남는다기에 이 선생님이 너희를 위해 빌렸지. 어때, 근사하지?"

"우리가 뭐 애들인가요? 창피하게 어떻게 유치원 버스를 타고 다닙니까!"

왕수재가 투덜댔다. 다른 아이들도 비슷한 생각인지 서로 엉덩이를 뒤로 빼며 차에 오르기를 꺼렸다. 하지만 그것도 잠시, 버스가 학교를 빠져나가자 아이들은 소풍이라도 가는 듯 마음이 들떴다.

운전을 하던 용선생이 옷깃에 달아 둔 마이크 전원을 켰다. 쩌렁쩌렁한 목소리가 울려 퍼졌다.

"아, 아, 마이크 테스트. 하나, 둘, 셋. 험험……, 한반도와 그 주변 지역에서는 대략 70만 년 전쯤부터 사람이 살기 시작했다고 알려져 있어. 우리나라에는 구석기 시대의 유적지도 여러 군데 있지."

용선생이 운전대 옆의 버튼을 누르자 "지~잉" 하며 지도가 내려왔다.

"이 지도에 표시되어 있는 유적지들에서는 여러 가지 뗀석기와 동물 뼈가 발견되었어. 어떤 동굴에서는 사람의 뼈도 발견되었지."

아이들은 호기심 가득한 눈으로 지도와 용선생의 뒤통수를 번갈아 바라보았다. 마침 버스가 신호등 앞에서 멈춰 서자, 용선생은 사진 한 장을 꺼내 아이들에게 넘겨주었다.

"이건 충북에 있는 구석기 시대 유적지에서 발견된 어린아이 뼈야. 이름은 '흥수아이'라고 하지."

"이름 참 특이하다……."

구석기 시대 유적지

종성 동관진
웅기 굴포리
여기서 사람뼈가 발견 되었어!
덕천 승리산 동굴
상원 검은 모루 동굴
연천 전곡리 유적 대탐험!
용선생 현장 강의
이것은 주먹도끼?!
연천 전곡리
파주 가월리
제천 포전리 점말 동굴
단양금굴
청원 두루봉 동굴
공주 석장리
여기서 불을 피웠군
순천 월평리
제주 빌레못 동굴

흥수아이
충청북도 청주시의 두루봉 동굴에서 발견되었어. 이 뼈를 연구한 학자들은 '흥수아이'가 약 4만 년 전에 살았고 키는 120cm, 나이는 4~5세 정도라고 추측하고 있지.

“이 뼈를 발견한 사람의 이름이 ‘김흥수’였어. 그래서 학자들이 그 사람의 이름을 따다 붙여 준 거지.”

‘오, 멋지네! 내가 만약 저걸 발견했다면 이름도 근사한 수재아이가 됐을 텐데…….’

왕수재는 사진 속 아이에게 자기 이름을 붙이는 상상을 하며 씨익 웃었다.

“이 뼈를 발굴하고 조사한 학자들은 흥수아이가 구석기 시대인 4만 년 전쯤에 살았던 어린아이라고 결론을 내렸어. 그 뒤로 흥수아이는 한반도의 구석기 인류를 대표하는 사람으로 여겨지고 있지. 그런데 학자들 중에는 흥수아이가 구석기 시대 사람이 아니라고 주장하는 이들도 있어. 다른 유물이 함께 발견된 것이 아니라서 뼈만 가지고 구석기 시대 사람이라고 단정 짓기 어려울 뿐더러, 뼈가 묻혀 있는 지층이 구석기 시대의 것이 아니라는 거야.”

“에? 그럼 흥수아이가 구석기 시대 사람이 맞다는 거예요, 아니라는 거예요?”

“일단은 구석기 시대 사람이라고 생각하자. 하지만 언젠가 모든 학자들이 받아들일 수 있을 만한 명확한 근거가 발견되면 얘긴 또 달라질지도 몰라.”

“역사가 달라질 수도 있다는 말이네요. 거참 재밌네.”

“선생님, 근데 구석기 시대 유적은 왜 동굴에서 발견되는 경우가

많아요?"

나선애가 물었다.

"그건 동굴이 구석기 시대 사람들의 집이었기 때문이지."

"어두컴컴한 동굴 안에서 살았다고요? 왜요? 박쥐도 나올 텐데!"

곽두기가 깜짝 놀라 말했다.

"도착하면 알려 줄게! 이제부터 우리가 가려고 하는 곳이 바로 구석기 시대의 동굴이거든!"

용선생의 말에 곽두기의 얼굴은 울상이 되었다.

 ## 두근두근 구석기 동굴 체험

버스가 자연공원 앞에 멈춰 섰다.

"자, 도착! 이제 구석기 시대를 탐험해 볼까?"

용선생은 아이들을 숲속 깊숙한 곳으로 끌고 들어갔다. 한참을 헉헉대며 가다 보니, 작은 동굴 입구가 보였다. 흥분한 장하다가 큰 소리로 외쳤다.

"우아, 구석기 시대 사람들이 살던 동굴이다!"

"여긴 사실 인공 동굴이야. 관리인 아저씨한테 말해서 선생님이

단양 금굴 상원 검은모루 동굴과 함께 우리나라의 대표적인 구석기 시대 동굴 유적이야. 구석기 시대부터 이곳에서 사람들이 살았다고 보고 있지. 충청북도 단양군 단양읍 도담리에 있어. 왼쪽 위의 사진은 단양 금굴을 밖에서 본 광경이야.

진짜 구석기 시대 동굴처럼 꾸며 놓았지. 어떠냐, 이 선생님의 노력이! 참 감동적이지?"

용선생은 잔뜩 움츠린 곽두기의 손을 잡고 동굴 안으로 들어갔다. 밖에서 보는 것과 달리 동굴 안쪽은 꽤나 넓었다. 용선생이 손전등을 켰다.

"구석기 시대 사람들은 이런 동굴 속에서 지내는 일이 많았어. 강가의 언덕에서도 나무줄기 같은 것을 마구 얽어 간단한 집을 짓고 살았지만, 강가보다는 동굴에서 구석기 시대의 흔적을 더 많이 볼 수 있지. 동굴은 어둡고 축축하지만 비바람과 사나운 동물들을 피하기에는 더할 나위 없이 좋은 보금자리였을 거야."

"하지만 좀 추운걸요?"

나선애가 살짝 소름이 돋은 팔뚝을 문지르며 말했다.

"걱정 마. 불을 피우면 돼! 구석기 시대 사람들도 불을 피웠단다. 구석기 시대의 지구는 무척 추웠어. 긴 빙하기가 이어지다가 잠깐 동안 따뜻해지고, 또 빙하기가 이어지는 식이었거든. 사람들은 추위 때문에 몇 번이나 죽을 고비를 넘기면서 겨우겨우 살았을 거야. 하지만 불을 사용하기 시작한 뒤로는 사정이 많이 달라졌지!"

"언제부터 불을 사용했는데요?"

선애가 눈을 반짝이며 물었다.

"인류가 불을 사용하게 된 건 수십만 년 전부터래. 불을 사용하게 되었다는 사실은 사람을 다른 동물들과 구별해 주는 아주 중요한 특징 중 하나지. 어디 그럼, 구석기 시대 사람들처럼 불을 피워 볼까나?"

여기저기서 나뭇가지를 잔뜩 주워 온 용선생은 그중에서 연하고 넓적한 나뭇가지를 골라 바닥에 놓았다. 그러고는 단단하고 길쭉하게 생긴 다른 나뭇가지를 그 위에 세우더니 두 손바닥 사이에 놓고

이리 빙글, 저리 빙글 돌리며 비벼대기 시작했다. 그 모습이 신기한지 두기가 고개를 들이밀었다.

"이렇게 하면 정말 불이 나요?"

"그렇고 말고! 이렇게 두 물체가 비벼지는 걸 마찰이라고 부르거든? 이런 마찰이 계속되면 열이 나서 결국 불이 붙게 되는 거야. 이렇게 해서 불씨를 얻지. 아주 과학적인 원리지!"

아이들은 모두 기대에 찬 눈빛으로 용선생의 손끝을 뚫어져라 바라보았다. 하지만 한참이 지나도록 불이 붙을 기미는 보이지 않았다. 묘한 냄새와 힘없는 연기만 겨우 퍼지고 말 뿐이었다. 점점 지루해진 아이들은 자기들끼리 떠들기 시작했다.

어느새 이마에 땀이 맺히기 시작한 용선생은 재빨리 아이들의 눈치를 살피고는 주머니에서 라이터를 꺼내 얼른 나뭇가지에 불을 붙였다.

"야호! 얘들아, 해냈다! 드디어 불이 붙었어! 이리 모여 봐. 구석기 시대 사람들처럼 고생고생하며 만들어 낸 불이라 더욱 뜨뜻할 거야!"

동굴 한가운데 작은 모닥불이 타오르자 분위기가 훨씬 아늑해졌다. 불에 손을 쬐던 나선애가 물었다.

"선생님, 구석기 시대 사람들은 어떻게 처음 불을 발견했나요? 그 사람들은 선생님처럼 라이터를 갖고 있지 않⋯⋯."

당황한 용선생이 황급히 나선애의 말을 가로채며 한층 큰 목소리로 말했다.

"아, 그거? 처음에 어떻게 불을 발견했는지 오래전 일이라 정확히 알 수는 없지. 하지만 요새도 자연에서는 번개가 치든가 빽빽한 나무들이 서로 부딪히다가 마찰로 열이 나든가 해서 불이 나는 경우가 있어. 또는 지진이나 화산 폭발로 용암이 흐르면서 불이 붙기도 해. 아무튼 이런 이유로 숲에 불이 났다고 하자. 그런데 사람들, 아니 용선생이라고 하자. 용선생이 불을 피했다가 돌아와 보니

아직 불이 꺼지지 않은 나뭇가지 같은 게 남아 있었겠지. 조심조심 다가가서 그걸 가지고 동굴로 왔을 거야. 구석기 시대에는 사람들이 대개 동굴에 살았으니까. 불을 가져 와서 보니 몸도 따뜻해지고 밤에도 환하고 이런 경험을 하게 됐겠지. 이렇게 해서 구석기 시대 사람들은 불을 발견하고 사용하게 됐을 거야. 자, 불을 처음 사용한 용감한 용선생에게 박수!"

아이들은 마지못해 대충 박수를 보냈다.

"불을 사용하게 되면서 사람들의 생활은 어떻게 달라졌을까?"

용선생의 물음에 아이들은 제각각 대답을 했다.

"몸을 따뜻하게 할 수 있게 됐어요."

"밤에 무섭지 않게 됐을 거예요."

"고기를 구워 먹을 수 있었을 거예요."

"그래, 다 맞는 말이야. 불 덕분에 사람들의 생활은 크게 달라졌어. 불은 어두운 밤을 밝혀 주고, 추울 때는 몸을 따뜻하게 해 주고, 또 무서운 동물도 쫓아 줬지. 그땐 사나운 동물들에게 잡아먹히는 일도 아주 많았거든. 하지만 불이 있으면 얘기가 달라지지. 사람들이 불붙인 나뭇가지를 휘두르기라도 하면 아무리 사나운 동물이라도 그냥 도망치고 말았을 거야. 또 그 전까지는 익히지 않고 그냥 먹었던 고기를 불에 구워 먹게 되었으니, 맛도 좋고 기생충이 없어져서 병에 걸리는 일도 줄어들었겠지."

"맞아, 숯불갈비만큼 맛있는 것도 없지."

장하다가 입맛을 다셨다.

"불을 사용하면서 사람들의 얼굴 모양도 달라지게 되었어. 고기를 날것으로 먹을 땐 질긴 것을 씹다 보니 턱뼈가 발달했어. 그래서 옛날 사람들은 지금보다 턱이 더 컸다고 해. 하지만 불로 익힌 부드러운 고기를 먹게 되면서부터 턱을 쓸 일이 적어져서 턱이 점점 작아지게 되었지. 그리고 턱이 작아진 대신 뇌가 커질 수 있는 공간이 생기면서 사람들은 점점 더 똑똑해지게 되었어."

"흠, 그래서 내 턱이 작은 거였군……."

혼자서 중얼거리던 왕수재는 장하다의 유난히 큰 턱이 눈에 들어오자, 안됐다는 듯 고개를 짤짤 흔들었다. 하지만 아무것도 모르는 장하다는 여전히 입맛을 다시며 물었다.

"선생님, 그럼 구석기 시대 사람들은 고기만 먹었나요?"

"그건 아냐. 오히려 고기를 먹은 날보다 못 먹은 날이 더 많았을 거야."

"왜요?"

"동물을 사냥하는 일이 보통 어려운 게 아니었거든. 그땐 무기라 봐야 돌로 만든 무딘 것들뿐이었는데, 그때 우리 땅에 살던 동물들은 동굴곰, 쌍코뿔이처럼 아주 커다란 동물들이었어. 그런 동물을 직접 상대해서 사냥에 성공하기는 쉽지 않았지. 그래서 보통은 구

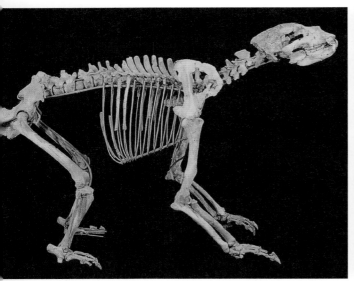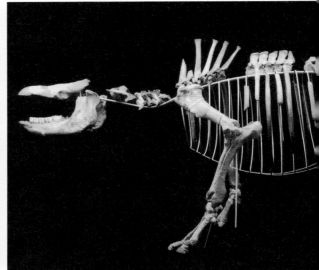

동굴곰과 쌍코뿔이 두루봉 동굴에서 발견된 동굴곰(왼쪽)과 쌍코뿔이(오른쪽)의 뼈를 복원한 거야. 구석기 시대 유적지에서는 털코끼리, 곰, 원숭이, 물소 등 추운 곳에 사는 동물의 뼈부터 더운 곳에 사는 동물의 뼈까지 다양하게 출토되어 당시 기후의 변화를 보여 주고 있어.

덩이를 파서 함정을 만들어 놓고, 여러 사람이 동물을 우우 몰아가 함정에 빠뜨린다든가 하는 식으로 잡았을 거야. 그나마 운이 좋은 날에만 성공할 수 있었겠지. 그 과정에서 목숨을 잃거나 다치는 사람도 많았을 테고. 그러니 고기는 아무 때나 먹을 수 있는 게 아니었지. 아마 그때 사람들은 다른 동물이 사냥해서 먹다 남긴 고기를 가로채서 먹기도 했을걸?"

"엑!"

허영심이 혀를 빼물며 인상을 잔뜩 찡그렸다.

"지금은 잘 상상이 안 되지만, 그땐 당연한 일 아니었겠니? 추위를 견디고 살아남기 위해서는 몸에 영양이 많이 필요한데 먹을 건

늘 모자랐으니까. 그래서 사람들은 늘 바쁘게 돌아다니면서 나무 열매를 따 먹거나 식물 뿌리를 캐 먹었어. 이런 걸 '채집'이라고 해. 또 새 둥지에 들어 있는 새알도 빼먹고, 작은 벌레들도 잡아먹는 등, 먹을 수 있는 건 다 먹었을 거야. 바다 근처에서는 주로 조개나 굴을 캐 먹었고, 가끔은 물고기도 잡아먹었어."

"그럼 사냥도 못하고 나무 열매나 조개도 다 먹어 버려서 주변에 먹을 게 떨어지면 어떻게 해요?"

곽두기가 걱정스러운 듯 물었다.

"그럴 때는 먹을 게 풍부한 곳을 찾아 떠났지. 구석기 시대 사람들은 30~40명씩 무리를 지어 이동을 했어. 혼자서 돌아다니면 위험하기도 하고, 여러 명이 모여야 식량을 구하기도 쉬우니까."

"수십 명이 같이 다녔으면 심심하진 않았겠네요. 이 사람하고 얘기하다 저 사람하고 얘기하고……."

허영심의 말에 나선애가 고개를 갸웃거렸다.

"가만, 구석기 시대 사람들도 우리처럼 말을 할 줄 알았을까요?"

"그건 말의 흔적이 남아 있지 않

아서 정확히 알 수가 없지. 하지만 학자들은 구석기 시대 사람들도 말을 할 줄 알았을 거라고 보고 있어. 여럿이 힘을 합쳐 동물을 사냥하거나 사방에 도사리고 있는 위험을 피해 살아가는 과정에서 자연스럽게 서로의 뜻을 전했을 거라는 거지.

그런데 영심아, 구석기 시대 사람들의 이동 생활은 네 생각처럼 그렇게 여유로운 건 아니었어. 과연 먹을 것이 풍부한 새 보금자리를 찾을 수 있을지, 그게 언제일지 모르는 채 막막한 길을 떠나야 하는 거니까. 게다가 노인이나 아이, 여자들, 병에 걸린 사람들은 길을 떠날 때마다 목숨을 걸어야 했어. 잘 먹지 못할 때도 있고, 추운 곳에서 떨면서 자다가 죽을 수도

사냥돌 어른 주먹만 한 크기야. 이 작은 돌을 가지고 어떻게 사납고 거대한 동물을 사냥했을까? 아마도 수십 명이 무리를 지어 다니다가 사냥감을 발견하면 사냥돌을 동시에 던지거나, 아니면 돌에 끈을 묶어 빙빙 돌려서 던졌을 거야.

있고, 또 언제 사나운 동물의 공격을 받을지 모르는 상황이니까. 특히 아기를 임신한 여자는 가는 도중에 지쳐 아이와 함께 죽는 일도 많았을 거야. 그러니 무리의 수가 쉽게 불어나지 못했어. 죽는 사람이 많아서 무리의 수가 줄어들게 되면 그만큼 무리 전체의 힘은 약해지는 거야."

"어휴…… 심심한 게 문제가 아니라 살아남기 바빴겠네요."

영심이 고개를 설설 흔들었다.

"자, 이번엔 구석기 시대 사람들의 필수품이었던 뗀석기에 대해 이야기해 볼까? 뗀석기는 아주 다양하게 쓰였어. 동물을 사냥하는 데도 쓰이고, 가죽을 벗기거나 고기를 자르는 데도 쓰였지. 가죽을 벗긴 건 몸을 보호해 줄 옷을 만들기 위해서였어. 아, 이러고 있을 게 아니라 우리 뗀석기를 한번 찾아볼까? 여긴 구석기 시대 동굴이니까 뗀석기가 많이 있단다!"

용선생의 말에 아이들은 신이 나서 보물찾기라도 하듯 뗀석기를 찾기 시작했다. 하지만 바닥에 뒹구는 돌들이 다 엇비슷해 보여서 뗀석기를 구별해 내기가 어려웠다. 장하다가 아무 돌이나 주워 들고 뗀석기라고 소리치고 다니자 용선생이 다시 일러 주었다.

"자세히 관찰하면 그냥 돌멩이와 뗀석기를 구별할 수 있을 거야. 뗀석기는 돌을 떼어 놓은 티가 나거든."

얼마 뒤, 장하다가 다시 팔을 번쩍 치켜들며 외쳤다.

"찾았다! 이거 아니에요?"

"어디 보자……. 맞네! 애들아, 이걸 봐. 하다가 찾은 돌에는 날카로운 날이 나 있구나. 한 손에 쥐고 사용하기에 딱 좋겠지? 이렇게 생긴 것을 '주먹도끼'라고 해. 주먹도끼는 구석기 시대의 대표적인 도구란다. 구석기 시대 사람들은 주먹도끼를 무척 즐겨 썼지. 이걸로 사냥도 하고, 고기도 자르고, 땅도 팠어. 그 외에도 찍개, 찌르개, 긁개 같은 도구가 있었단다."

떼석기는
어떻게 만들까?

참고 영상

뗀석기의 종류

찍개 사냥해 온 동물의 뼈를 찍어 골수를 빼 먹거나 나무를 다듬을 때 사용했어.

슴베찌르개 동물을 사냥할 때 창처럼 찌르는 도구로 사용했어. 슴베는 긴 막대에 끼워 넣는 뾰족한 부분을 말해.

주먹도끼 구석기 시대에서 가장 오래 사용된 도구야. 찍는 날과 자르는 날이 모두 있어 사냥할 때, 고기 자를 때, 땅을 팔 때 등 다양하게 쓰였어.

긁개 무엇을 긁는 데 쓰는 도구였어. 주로 짐승의 가죽을 벗겨 손질하는 데 사용했지.

용선생은 여러 가지 뗀석기 모형을 보여 주었다.

소원을 담은 그림, 동굴 벽화

뗀석기 모형을 구경한 아이들은 저마다 흩어져 동굴 여기저기를 둘러보고 돌아다녔다. 그때 곽두기가 소리쳤다.

"선생님, 여기 벽에 누가 낙서를 해 놨어요!"

모두들 두기가 있는 쪽으로 가 보았다. 용선생이 손전등으로 벽을 비춰 주었다. 벽에는 동물 그림이 엉성하게 그려져 있었다.

"두기야, 이건 낙서가 아니야. 작품이지. 내가 너희를 위해 특별히, 구석기 시대의 동굴 벽화를 보고 따라 그려 놓은 거란다."

"윽! 선생님 그림 실력 알 만하네요."

허영심이 저도 모르게 눈을 찡그렸다.

"원래 천재의 작품은 이해하기가 쉽지 않단다. 험험, 어쨌든 구석기 시대 사람들은 동굴 벽에 이렇게 그림을 그렸어. 동물 뼈에 조각을 새겨 넣기도 했지."

"구석기 시대 사람들은 왜 그림을 그렸을까요?"

"자신들의 소원이 이루어지길 바라는 마음으로 그린 걸 거야. 동물 그림은 '이런 동물들을 많이 잡고 싶다'는 소망을 담고 있는 거지. 아까 말했듯이 큰 동물을 사냥하는 건 아주 어려운 일이었으니까. 너희가 구석기 시대에 살았다면 어떤 그림을 그렸을 것 같니?"

허영심이 제일 먼저 "엄청 큰 꽃다발!"이라고 말했다. 장하다는 "잔디가 깔린 축구장", 곽두기는 "귀여운 여동생"이라고 했다. 나선애와 왕수재는 거의 동시에 "전국 1등!", "전교 1등!" 하고 외쳤다.

"흐흐, 다 좋다. 얘들아! 아쉽지만 이제 학교로 돌아가자."

용선생이 사그라진 모닥불을 탁탁 밟아 꺼뜨리며 말했다. 아이들은 주섬주섬 일어나 동굴 입구로 향했다. 용선생이 장하다의 옆으로 가더니 살짝 귓속말을 했다.

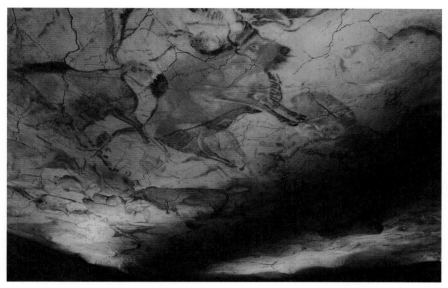

스페인의 알타미라 동굴 구석기 시대 후기(기원전 4만 년~기원전 8천 년) 사람들이 그린 벽화야. 인류가 남긴 예술 작품 가운데 가장 오래된 것 중 하나지. 1879년 아마추어 고고학자인 아버지와 함께 동굴 답사를 갔던 소녀 마리아가 발견했다고 해.

"하다야, 우리 다음 시간엔 여기보다 더 재미난 신석기 시대 마을로 놀러 갈까?"

그 말에 귀가 번쩍한 장하다가 팔딱팔딱 뛰며 소리쳤다.

"이히! 신난다, 역사반에 들어오길 진짜 잘한 것 같아요!"

그러자 왕수재가 "아까 교실에서 역사반 그만둘 거라고 떠들던 애가 쟤 아니냐?" 하고 구시렁거렸다.

그때 누군가가 우당탕 소리를 내며 넘어졌다. 허영심이었다.

"아야, 아파라. 이게 뭐야?"

영심이 바닥에서 발견한 것은 커다란 뼈다귀였다.

"엄마야!"

깜짝 놀란 허영심이 비명을 지르며 벌떡 일어섰다. 그때 뼈다귀를 본 왕수재가 급히 달려가며 소리쳤다.

"앗! 뼈다! 이 뼈를 지금부터 '수재아이'라고 부르겠노라!"

그 말에 영심이 발끈 화를 냈다.

"어머! 그게 무슨 소리야? 내가 걸려 넘어졌잖아? 그러니까 '영심아이'지!"

"아냐, 내가 먼저 봤다구!"

둘이서 실랑이를 벌이는데 곽두기가 바닥에 떨어진 뼈다귀를 주워 들었다.

"형아, 누나. 이거 과학실에 있던 거랑 똑같아. 인체 모형. 이것도 선생님이 갖다 놓으신 건가 본데?"

그 말에 수재와 영심은 할 말을 잃고 입을 딱 다물었다. 둘의 얼굴이 동시에 빨개졌다.

"얘들아, 오늘은 내가 잘못한 거 없다. 난 처음부터 여기가 진짜 구석기 시대 동굴이 아니라고 말했으니까. 맞지?"

용선생은 웃음을 참으며 성큼성큼 앞서 동굴을 빠져나갔다.

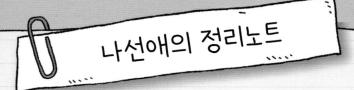

나선애의 정리노트

1. 원숭이와 인간은 어떻게 다를까?

원숭이	인간
네 발로 걷는다. 잠깐 서 있을 수는 있지만 오래 버티지는 못한다.	두 발로 서서 걷는다. 그래서 손이 자유롭다.
주위의 물건을 있는 그대로 사용한다.	필요한 도구를 손으로 만들어 사용한다.

2. 구석기 시대와 신석기 시대를 구분하는 가장 쉬운 방법

뗀석기 떼어 낸 돌조각을 그대로 사용	VS	간석기 돌을 갈고 다듬어 쓰임새에 맞게 사용

3. 불이 좋은 이유!

① 어두운 밤을 밝혀 준다.　　　　② 몸을 따뜻하게 해 준다.

③ 무서운 동물들을 쫓아내 준다.　④ 날고기를 익혀 먹을 수 있다.
　　　　　　　　　　　　　　　　　　　↓
　　　　　　　　　　　　　덕분에 뇌도 커지게 되었다.

4. 구석기 시대 사람들은 어떻게 살았을까?

① 어디서 살았을까? ──→ 주로 동굴

② 어떻게 음식을 구했을까? ──→ 채집과 사냥

③ 어떤 사회였을까? ──→ 공동체 생활, 무리 지어 이동 생활

④ 어떤 도구를 사용했을까? ──→ 돌을 떼어 내서 만든 뗀석기

⑤ 이때도 예술이 있었을까? ──→ 동굴 벽화, 뼈로 만든 조각품

용선생의 역사 카페

역사계의 슈퍼스타,
용선생의 역사 카페에
오신 걸 환영합니다

Log in

게시판 ⌄

📄 역사가 제일 쉬웠어용!
📄 이제는 더~ 말할 수 있다!
📄 필독! 용선생의 매력 탐구
📄 전교 1등 나선애의 비밀 노트

전곡리 주먹도끼의 위대함을 보여 주마

1978년 약간 쌀쌀한 어느 봄날. 한 미군 아저씨가 여자 친구와 함께 한탄강 주변을 거닐고 있었어. 그런데 미군 아저씨의 눈에 유물이 나올 것 같은 이상한 장소가 들어왔어. '이 근처에 엄청난 유적이나 유물이 있는 게 아닐까?' 미군 아저씨는 더 조사해 보려고 열심히 한탄강 주변을 쏘다녔어. 한 시간이 넘도록 남자 친구가 땅만 쳐다보며 다니자, 여자 친구는 슬슬 짜증을 내기 시작했어. 미군 아저씨는 할 수 없이 일단 뭘 좀 먹기 위해 물을 끓이려고 땅을 봤어. 그런데 그 자리에 떡하니 주먹도끼 하나가 놓여 있었던 거야. 미군 아저씨는 잔뜩 흥분해서 여자 친구에게 "봐! 이것 봐! 내가 뭘 찾았는지 좀 보라고!"하며 폴짝폴짝 뛰었어.

사실 이 미군 아저씨는 고고학을 공부하는 학생이었는데, 학비를 벌기 위해 군에 입대해 한국으로 온 거였어. 그래서 이런 중요한 발견

동아시아에서 최초로 발견된 주먹도끼

을 할 수 있었던 거야.

근데 그게 뭐 그리 중요하냐고? 그 전까지 주먹도끼는 아프리카나 유럽에서만 발견되고 동아시아에서는 발견되지 않았거든. 그래서 유럽에서만 '발달한' 주먹도끼를 썼고, 동아시아에서는 '덜 발달한' 찍개만 썼다는 게 고고학계의 '대세' 였어.

그러니까 미군 아저씨가 발견한 전곡리 주먹도끼는 동아시아에서 최초로 발견된 주먹도끼인 동시에, 세계 고고학계를 발칵 뒤집어 놓은 엄청난 물건이 된 거지. 이 주먹도끼를 시작으로 우리나라에서 주먹도끼가 줄줄이 발견되자, 고고학 이론은 수정될 수밖에 없었지.

자, 어때? 고고학 교과서를 다시 쓰게 한 전곡리 주먹도끼의 위대함이 느껴지니?

주먹도끼를 발견한 그렉 보웬

 COMMENTS

곽두기 : 근데 주먹도끼를 발견한 미군 아저씨는 어떻게 됐어요? 상이라도 받았나요?

↳ 용선생 : 주먹도끼를 발견할 때 옆에 있었던 한국인 여자 친구와 결혼했고, 미국으로 돌아가 고고학 공부를 계속했대. 고고학 연구소 소장 등으로 일하면서, 발굴 현장을 누비고 다녔다지. 그는 2005년 우리나라에 와서 자신이 주먹도끼를 발굴했던 전곡리를 방문했어. 그리고 "한국은 내 인생에 가장 큰 선물 두 가지를 주었어요. 하나는 전곡리 구석기 유적이고 또 하나는 아내입니다." 라고 말했단다. 안타깝게도 2009년 병으로 세상을 떠나셨어.

한국사 퀴즈 달인을 찾아라!

달인을 찾아라!

출발!

02 ★★☆☆☆

장하다처럼 생긴 오스트랄로피테쿠스가 여러 번의 고비를 넘어서, 오늘날 지혜로운 인류로 진화한 것 기억나지? 인류가 진화할 수 있었던 세 가지 비밀을 적어 보자.

□ □ □ □

□ □ □

01 ★★☆☆☆

구석기 시대 사람들이 돌로 사냥 도구를 만들고 있어! 이 중에서 구석기 시대 사람들이 만든 도구가 아닌 것은 무엇일까? (   )

(힌트: 구석기 시대에는 뗀석기를 썼지.)

① ② ③ ④

04 ★★★★★

나선애가 전곡리에서 열린 축제에 놀러 갔어. 축제에는 이것저것 체험할 수 있는 활동들이 많은데, 그중 잘못 들어간 활동이 있네! 그게 무엇일까? (   )

전곡리 ○○○ 문화제

떼석기를 사용하던 ○○○ 시대 사람들의
삶과 문화를 체험해 보세요!

⊙ 기간: 20○○년 ○○월 ○○일~○○일
⊙ 장소: 연천 전곡리 유적 체험 마을

---

① 밭에 보리 심기

② 동굴 벽화 그리기

③ 동굴 안에서 불 피우기

④ 주먹도끼로 고기 자르기

03 ★★★☆☆

아이들이 구석기 시대에 대해 이야기를 하고 있네. 이번에도 누군가가 틀린 이야기를 했어. 그게 누구일까? (   )

 ① 구석기 시대에는 '간석기'를 사용했고, 신석기 시대에는 '떼석기'를 사용했어.

 ② 구석기 시대의 대표적인 도구는 '주먹도끼'야.

 ③ 채집을 하고, 주먹도끼로 사냥을 해서 먹을거리를 마련했지.

 ④ 여러 사람이 힘을 합쳐야만 살 수 있었어.

떠나 볼까?

용선생 현장 강의

구석기 시대의 유적이 있는
단양에 가다

충청북도 단양에는 구석기 시대 사람들의 흔적을 찾아볼 수 있는 유적이 많아. 산과 강, 바위 등 자연이 빚어낸 '단양 팔경'으로도 유명하지. 볼거리가 많은 단양으로 떠나 볼까?

수양개 선사 유물 전시관

단양군 적성면에 있는 수양개 선사 유물 전시관에 왔어. '수양개'는 약 2만 년 전부터 사람들이 살았던 마을인데, 충주댐을 지으면서 물속에 잠길 예정이었대. 공사 전에 문화 유적 발굴 조사를 했더니 슴베찌르개, 찍개 등 여러 구석기 시대 유물들이 쏟아져 나왔지. 수양개 선사 유물 전시관에서는 그때 출토된 유물들과 선사 시대를 재현한 각종 모형들을 볼 수 있어.

수양개 선사 유물 전시관 500만 년 전부터 살아왔지만 지금은 멸종되어 버린 거대한 매머드와 털코뿔소의 모형을 볼 수 있어.

수양개 선사 유물 전시관　고수 동굴　도담 삼봉　구경 시장　온달 관광지

단양 고수 동굴

단양에는 구석기 시대 사람들이 살았던 동굴을 쉽게 만날 수 있어. 그중 아름답기로 유명한 고수 동굴에 갔어. 동굴 안은 더운 여름에도 항상 섭씨 14~16도를 유지하고 있다. 여름에는 시원하고 겨울에는 따뜻하게 느껴지겠지? 한여름 피서지로 와야겠어!

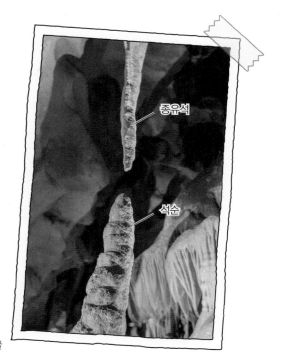

종유석

석순

천년의 사랑 바위
동굴에는 물속의 석회 성분이 천천히 쌓여 만들어진 돌들이 많아. 저기 닿을 듯 말 듯한 종유석과 석순 보여? 둘 사이는 10cm정도인데, 이들이 만나려면 최소 1,000년은 더 걸린대. 그래서 천년의 사랑이라 불려.

고수 동굴 총 길이는 1,395m로 관람객은 일부만 둘러볼 수 있어. 동굴 안에서 뗀석기가 발견되었는데, 선사 시대에 주거지로 사용된 것 같아.

도담 삼봉 강 위로 솟아 나온 산봉우리 같지? 가운데 큰 봉우리에는 삼도정이라는 정자도 있어. 유람선을 타면 더 가까이에서 도담 삼봉을 감상할 수 있지.

단양 도담 삼봉

단양에서 경치가 아름답기로 소문난 여덟 군데 장소를 '단양 팔경'이라고 해. 우리는 그중 제1경인 도담 삼봉에 갔어. 도담 삼봉에는 이성계를 도와 조선을 건국한 정도전의 전설이 전해져. 도담 삼봉은 원래 강원도 정선에 있었는데 홍수 때 단양으로 떠내려 왔대. 그러자 정선에서는 단양 사람들에게 매년 세금을 거두어 갔는데, 어린 정도전이 나서서 "우린 필요 없으니 도로 가져가시오!"라고 따졌대. 이후 도담 삼봉에 대한 세금이 없어졌다지. 재미있지?

단양 사인암 단양 팔경 중 하나야. 가파른 절벽이 병풍처럼 펼쳐져 있어. 사인은 고려 시대 우탁이란 사람이 정4품(사인)이란 벼슬에 있을 당시 이곳에 머물렀다고 해서 붙여진 이름이래.

마늘 가게 구경 시장에선 마늘을 전문적으로
판매하는 마늘 상점 거리를 볼 수 있어.

구경 시장

단양의 전통 시장인 구경 시장은
무려 250년 넘게 운영된 곳이야.
그래서 이름도 단양 팔경 다음이라고 '구경'
시장이지. 이곳에 가니 단양의 특산물인
마늘이 주렁주렁 매달려 있었어. 흑마늘빵,
흑마늘 닭강정, 마늘순대 등 단양의 품질 좋은
마늘로 만든 독특한 음식들이 절로 군침 돌게
했지.

흑마늘빵 흑마늘과
찰보리, 팥앙금으로 만들었어.
호두과자랑 비슷하면서도 마늘
향이 나는 게 특징이야.

온달 관광지

구경 시장에서 남한강을 따라
이동하면 온달산성이 있어. 고구려
평원왕의 사위 온달이 신라군이 쳐들어오자
이 성을 쌓고 싸우다 전사했다는 전설이 있는
곳이야. 온달산성 주변으로 온달동굴, 온달
테마 공원, 드라마 세트장 등이 모여 있어.
드라마 세트장의 거대하고 이색적인 건물을
보니 마치 고구려에 온 것만 같았지. 가을에는
온달과 평강을 주제로 한 여러 행사도
열린다니 때맞춰 다시 오고 싶네.

온달 테마 공원

긴 빙하기가 끝나고 지구를 뒤덮은 얼음들이 녹기 시작했어.
겨울이 가고 봄이 오면 새싹들이 돋아나듯,
따뜻해진 지구 위에는 더 많은 생명체들이 생겨났지.
환경이 바뀌면 그에 적응해 살아가는 사람들의 생활 방식도 달라지는 법이야.
인류의 역사도 구석기 시대를 지나 신석기 시대로 접어들게 됐어.
신석기 시대 마을을 찾아가서 자세히 알아보자.

390만 년 전
최초의 인류가
등장하다

구석기
시대가
시작되다

신석기
시대가
시작되다

청동기
시대가
시작되다

위만이
고조선의
왕이 되다

주몽이
고구려를
세우다

70만 년 전　　　BC 8000년경　　　BC 2000년경　　　BC 2세기 초　　　BC 37

서울 암사동 유적의 움집

3교시

신석기 시대
움집을 찾아서

역사반 교실을 향해 종종걸음으로 걷던 허영심은 희한한 광경 앞에 발길을 딱 멈추었다. 역사반 아이들이 교실에서 줄줄이 걸어 나오는가 싶더니, 하나같이 허리를 구부정하게 숙이고 바닥을 내려다보며 걷고 있었기 때문이었다.

"얘들아, 수업 안 하고 어디 가?"

곽두기가 말없이 손가락으로 바닥을 가리켰다. 바닥에는 작은 화살표가 덕지덕지 붙어 있었다.

화살표를 따라오세요. → 쉿! 까치발을 하고 조용조용 오세요. →

← 역사반 정말 재밌어용! ← 아, 기대됩니다! ← 신석기 시대 마을은 어떻게 생겼을까요?

화살표는 학교 뒷마당의 주차장까지 이어져 있었다. 화살표 끝에서 아이들을 기다리고 있는 것은 미니버스에 비스듬히 기대 서 있는 용선생이었다.

'나의 기발한 아이디어에 다들 감탄했겠지.'

용선생은 먼 하늘을 쳐다보며 싱긋 웃었다.

'대체 왜 선생님은 쓸데없는 일에 시간을 낭비하는 걸까? 그 시간에 저 덥수룩한 머리라도 좀 빗으시지.'

허영심은 조용히 한숨을 내쉬었다. 아이들은 어리둥절한 채 버스에 올라탔다.

"자, 모두들 탔지? 그럼 신석기 시대 마을로 출발!"

용선생이 부르릉 시동을 걸자, 왕수재가 운전석으로 몸을 쑥 내밀며 말했다.

"선생님, 저번에도 밖으로 나갔는데 또 나가요? 수업 시간마다 매번 이러시면 안 되죠!"

그 말에 장하다가 왕수재의 입을 틀어막으며 외쳤다.

"안 되는 게 어딨어? 아, 학교 밖으로 나갈 생각을 하니 기분 최고다!"

강가로 간 사람들

학교를 빠져나온 버스는 한강을 따라 쌩쌩 달리기 시작했다.

"와, 한강이다! 저기 유람선도 떠다니네."

창문에 코를 박은 두기가 외쳤다. 그러자 나선애가 뭔가 생각났다는 듯 갑자기 고개를 들었다.

한강 금강산에서 시작된 북한강과 강원도 태백에서 시작된 남한강이 합쳐져 서울을 가로지르는 강이야.

"아하! 알았다. 선생님, 우리 암사동 선사 주거지에 가는 거죠? 옛날 신석기 시대 마을을 그대로 꾸며 놓은 곳이요."

"헉! 어, 어떻게 알았니?"

"지나가다 봤거든요. 한강 근처에 신석기 시대 사람들이 살았던 집터가 있다면서요?"

"우리 선애는 아는 것도 많지. 좋아, 그럼 문제 하나 낼까? 구석기 시대 사람들은 강가에서 살기도 했지만, 동굴에서 지내는 경우가 더 많았다고 했지? 그런데 신석기 시대가 되면 사람들이 동굴에서 나와 대부분 강가나 바닷가에 집을 짓고 살게 돼. 왜 이렇게 달라졌을까?"

이번에는 나선애도 선뜻 대답하지 못했다.

"좀 어렵지? 이번 문제의 답은 이 지도에 있어."

용선생이 운전대 옆의 버튼을 누르자 지도가 지잉 소리를 내며 내려왔다.

"엥? 무슨 지도가 이렇게 생겼어요?"

"이게 어느 나라 지도예요?"

아이들은 어리둥절한 얼굴로 용선생을 바라보았다.

"어느 나라긴, 우리나라 지도지. 그런데 지금의 모습과는 많이 다르지? 2만 년 전의 모습이거든. 구석기 시대가 끝나갈 무렵의 모습이야. 구석기 시대에는 빙하기가 이어지고

있어서, 지구 위 대부분이 얼음으로 덮여 있었어. 이때는 지금의 우리나라와 중국, 일본이 모두 육지로 연결되어 있어서 마음만 먹으면 일본 땅까지 걸어갈 수도 있었지. 그런데 1만 년 전쯤 오랜 빙하기가 끝나면서 날씨가 따뜻해졌어. 자, 날씨가 따뜻해지면 무슨 일이 생길까?"

그러자 장하다가 심각한 목소리로 말했다.

"영화에서 봤는데요, 지구가 자꾸 따뜻해지면 빙하가 녹아서 육지가 바다에 잠겨요. 으으, 빙하가 다 녹으면 지구가 멸망할 텐데."

"그렇지, 빙하가 녹게 되지! 하다 말대로 만약 지금 남아 있는 빙

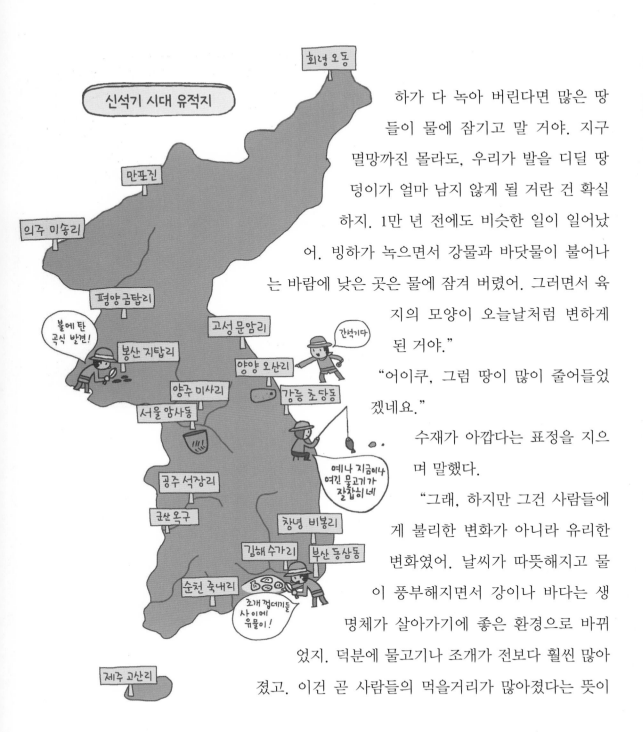

하가 다 녹아 버린다면 많은 땅
들이 물에 잠기고 말 거야. 지구
멸망까진 몰라도, 우리가 발을 디딜 땅
덩이가 얼마 남지 않게 될 거란 건 확실
하지. 1만 년 전에도 비슷한 일이 일어났
어. 빙하가 녹으면서 강물과 바닷물이 불어나
는 바람에 낮은 곳은 물에 잠겨 버렸어. 그러면서 육
지의 모양이 오늘날처럼 변하게
된 거야.”

“어이쿠, 그럼 땅이 많이 줄어들었
겠네요.”

수재가 아깝다는 표정을 지으
며 말했다.

“그래, 하지만 그건 사람들에
게 불리한 변화가 아니라 유리한
변화였어. 날씨가 따뜻해지고 물
이 풍부해지면서 강이나 바다는 생
명체가 살아가기에 좋은 환경으로 바뀌
었지. 덕분에 물고기나 조개가 전보다 훨씬 많아
졌고. 이건 곧 사람들의 먹을거리가 많아졌다는 뜻이

지. 신석기 시대 사람들이 강가와 바닷가로 옮겨 살게 된 것도, 먹을거리를 구하기가 훨씬 쉬웠기 때문이야."

"하기야 덩치 큰 동물을 사냥하는 것보다는 조개잡이가 훨씬 쉽죠. 아, 갑자기 조개구이가 먹고 싶다. 쩝쩝……."

장하다의 입안에 침이 가득 고였다.

"어이구 하다야, 침 닦아라. 빙하기가 끝나면서 달라진 모습은 또 있어. 날씨가 따뜻해지자 동굴곰처럼 오랫동안 추운 날씨에 적응해 살아온 커다란 동물들은 견디기 어려워졌단다. 이런 동물들은 추운 북쪽 지방으로 조금씩 이동해 가면서 살다가, 결국엔 지구상에서 사라졌지. 대신 나무와 풀들이 빽빽이 자라 울창해진 숲에는 여우, 토

조개무지(패총) 해안, 강변에 살던 사람들이 먹고 버린 조개껍질이 쌓여 만들어진 거야. 이 조개껍질 더미에서 토기나 도구 등 다양한 유물들이 함께 발견되는 경우가 많아. 조개껍질이 흙을 알칼리성으로 유지시켜 줘서 유물이 썩지 않고 남아 있는 거지.

끼, 사슴, 노루 같은 작은 동물들이 늘어나게 됐어."

"그렇다면 동물을 사냥하기도 더 쉬웠겠네요."

수재가 넘겨짚자 용선생이 고개를 저었다.

"꼭 그렇진 않았어. 아무래도 작은 동물이 큰 동물보다 덜 위험하긴 했지만, 그만큼 더 빠르고 잽싸서 사냥하기는 오히려 더 어려웠거든. 그래서 사람들은 작고 날쌘 동물이나 물고기를 잡기에 알맞은 도구를 만들기 시작했어. 도구의 생김새나 만드는 방법에 변화가 생겼다는 얘기야. 구석기 시대에는 도구를 어떻게 만들었다고 했지?"

왕수재가 대답하려고 하는데 나선애가 먼저 톡 끼어들었다.

"돌을 깨트리거나 떼어 내서요."

간석기

"맞아. 바로 뗀석기였지. 하지만 뭉툭한 뗀석기만으로는 순식간에 도망치는 작은 동물이나 물고기를 잡기가 어려웠어. 그래서 사람들은 떼어 낸 돌을 갈아서 쓰기 시작했지. 이렇게 돌을 갈아 만든 도구를 '간석기'라고 한다는 것도 이미 배웠지? 자, 그럼 돌을 갈아서 도구를 만들게 되면 어떤 점이 좋을까?"

이번에는 선애가 대답하기 전에 수재가 먼저 목소리를 높였다.

"네! 돌을 갈았으니까…… 훨씬 날카롭게 만들 수 있었겠죠!"

"딩동댕! 돌을 갈면 날이 더 예리해지겠지? 모양도 쓰임새에 맞추어 마음대로 만들 수 있고. 간석기는 뗀석기에 비해 여러 가지로 편리했을 거야. 이렇게 새로운 석기, 간석기를 주로 사용하게 된 시대가 바로 신석기 시대야. 아, 얘들아 다 왔다. 이야기하다가 그냥 지나칠 뻔했네."

버스가 끽 하고 급히 멈췄다. '서울 암사동 유적'이라는 푯말이 보였다. 용선생은 작은 가방을 메고 버스에서 폴짝 뛰어내렸다.

움푹 파인 움집을 짓다

신석기 시대로 초대해!

용선생 현장 강의

흙길을 따라 걷다 보니 얼기설기 엮어 올린 짚 더미가 나타났다.
"이게 바로 신석기 시대 사람들이 살았던 움집이야. 들어가 보자."

움집 서울 암사동 유적에는 현재 움집 10채가 복원되어 있어. 그중 하나는 직접 들어가 볼 수도 있어.

용선생이 한 움집 안으로 쏙 들어갔다. 왕수재도 용선생을 따라 성큼 움집에 들어섰다. 그런데 뒤이어 쿠당탕 하며 엉덩방아를 찧는 소리가 들렸다. 그 뒤를 따르던 아이들도 "엄마야!", "악!" 하며 연달아 발을 헛디디고 말았다.

"아차차, 미안! 미리 조심하라고 말했어야 했는데……. 움집은 땅을 파서 만들었기 때문에 바닥이 움푹 파였어. 움집의 '움'이 움푹 파인 구덩이를 가리키는 말이거든."

"으, 아파라. 이렇게 바닥을 파 놓으면 드나들기가 힘들 거 아니에요! 신석기 시대 사람들은 집을 왜 이렇게 만든 거예요? 불편하게."

왕수재가 엉덩이를 비비면서 투덜댔다.

서울 암사동 유적의 집터 움푹 파인 곳이 집터야. 대부분 바닥이 50~60cm 정도 파여 있어. 집터의 모양은 둥글거나 네모 모양이고, 지름은 5~6m 정도야.

"땅속은 바깥 공기보다 온도의 변화가 작거든. 이렇게 바닥을 파 놓으면 여름에는 시원하고 겨울에는 따뜻해. 또 신석기 시대 사람들은 집을 지어 본 경험이 별로 없어서 집 짓는 기술이 뛰어나지 않았어. 기둥을 높이 세우는 방법도 몰라서 지붕을 낮게 만들었지. 그런데 지붕이 낮으면 집 안에서 생활하기가 불편하지 않았겠니? 허리를 굽히고 돌아다녀야 할 테니까."

"아, 그래서 바닥을 판 거군요?"

나선애가 끼어들었다.

"응. 땅을 파면 공간이 더 넓어지니까. 또 집이 높지 않으니 강가
나 바닷가의 거센 바람에도 끄떡없었을 거야. 이만하면 움집이 동
굴보다 훨씬 살기 좋은 집이라는 걸 알겠지?"

아이들은 고개를 끄덕거리며 움집 안을 둘러보았다.

"별로 넓지 않네. 여기선 몇 명이나 살았을까요?"

허영심이 물었다.

"이 정도 크기면 아마 4~5명 정도가 살았을 거야."

"어, 선생님! 저기 가운데 푹 파인 구덩이는 뭐예요?"

곽두기가 가리킨 구덩이 근처에는 돌멩이들이 쌓여 있었다.

"저건 불을 피우는 곳인 '화덕'이야. 신석기 시대 사람들은 화덕에 불을 피워서 물고기도 구워 먹고, 고기도 익혀 먹었어. 또 움집 안을 따뜻하게 덥히거나 어둠을 밝히기도 했지."

이번엔 나선애가 천장을 가리켰다.

"천장에 그물이 있네요. 어, 그런데 왜 그물에 돌멩이가 달렸지?"

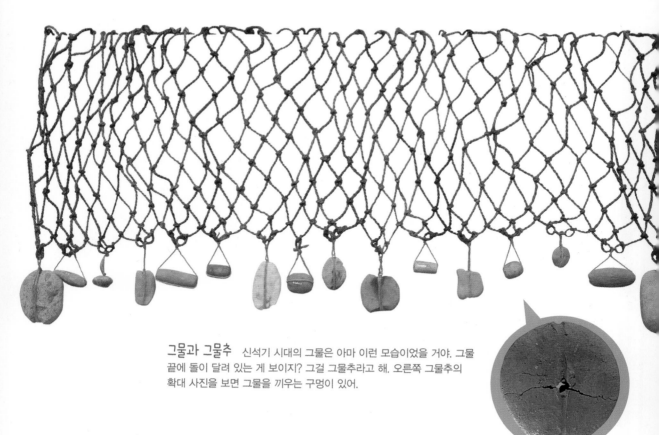

그물과 그물추 신석기 시대의 그물은 아마 이런 모습이었을 거야. 그물 끝에 돌이 달려 있는 게 보이지? 그걸 그물추라고 해. 오른쪽 그물추의 확대 사진을 보면 그물을 끼우는 구멍이 있어.

이음낚시 부산 범방에서 발견된 낚시 도구야. 바늘은 동물의 뼈로 만들고, 몸체는 물에 잘 가라앉게 하기 위해 돌을 갈아 만들었어. 두 재료를 끈으로 이었다고 '이음낚시'라고 불러.

"그물 밑에 달린 돌은 그물이 거센 물살에 흔들리지 않도록 해 주는 그물추야. 여기 살던 신석기 시대 사람들은 저 그물로 한강에 살던 물고기를 잡아먹었겠구나. 그럼 신석기 시대 사람들이 물고기를 잡기 위해 그물만 썼을까? 아니야! 물고기를 잡기 위해 작살을 쓰거나 낚시를 하기도 했어."

"헤? 그 옛날에 낚시를 했다고요?"

장하다가 못 믿겠다는 표정을 지었다.

"자, 봐라. 이게 바로 신석기 시대 사람들이 썼던 낚싯바늘이란다."

용선생은 아이들에게 작은 낚싯바늘을 보여 주었다.

"요즘 낚싯바늘이랑 비슷하게 생겼네요!"

"경남 창녕의 비봉리라는 곳에서는 신석기 시대 사람들이 타던 소나무 배도 발견됐어. 불로 소나무를 적당히 태운 뒤 간석기를 사용해서 속을 파내 배를 만든 거지. 신석기 시대 사람들은 이런 배를 타고 먼 바다까지 나가 고기잡이를 했던 것 같아. 남해안에서 발견된 조개무지에는 여러 가지 물고기 뼈가 섞여 있었는데, 그중엔 고래 뼈도 잔뜩 있었대. 먼 바다로 나간 사람들은 돌이나 동물의 뼈를 갈아서 끝을 뾰족하게 만든 작살을 던져 고래나 상어 같은 큰 물고기를 잡았을 거야."

"와! 제가 간석기를 왕창 발견했어요!"

갑자기 왕수재가 입구를 가리키며 소리를 질렀다.

뼈작살 작살은 물고기를 찔러 잡는 도구야. 날카롭게 간 동물의 뼈나 돌을 자루에 연결해서 창처럼 손에 쥐고 던졌어.

돌촉 신석기 시대 사람들은 돌촉을 나무 막대 끝에 매달아 창으로 썼어. 발이 잽싸 번번이 놓쳤던 사슴이나 토끼도 사냥할 수 있게 되었지.

화살촉 활은 인류가 최초로 발명한 '기계'라고 할 수 있어. 탄력 있는 나무에 질긴 짐승의 힘줄을 매달아 날카로운 화살촉을 날려 보내면 창보다 훨씬 멀리, 훨씬 힘차게 날아갔어.

"이야! 칼, 돌도끼, 화살이 여기 다 모여 있었네. 입구에 있어 눈에 안 띄었구나. 신석기 시대 사람들은 일하러 가거나 사냥하러 나갈 때 쉽게 들고 나갈 수 있도록 이런 도구들을 입구에 모아 두었나 봐."

이때 다시 "어맛!" 하는 영심이의 비명 소리가 들렸다. 바닥의 작은 구덩이에 발이 푹 빠져 버린 것이었다. 영심은 옆에 있던 장하다가 재빨리 잡아 주는 바람에 겨우 넘어지지 않을 수 있었다.

"이게 뭐야! 웬 구덩이가 또 있어요? 하마터면 옷 다 버릴 뻔했네. 근데 하다 너, 무지 빠르다……. 고마워."

영심은 몸놀림이 날렵한 하다에게 감탄했는지 생글 눈웃음을 지었다.

 토기에 무늬는 왜 그려 넣었을까?

"아! 그 구덩이가 거기 있었구나. 어디 보자……. 여기도, 또 여기도 있구나. 잠깐 기다려 봐."

그러고 보니 바로 근처에 영심이가 빠졌던 것과 똑

같은 구덩이가 몇 개 더 있는 게 보였다. 용선생은 메고 있던 가방을 뒤지더니 흙으로 만든 길쭉한 그릇을 조심스레 꺼냈다.

"이건 흙으로 빚은 다음 불에 구워 만든 '토기'라는 그릇이야. 토기는 음식을 담아 두거나 요리할 때 쓰였어."

"에이, 무슨 그릇이 이렇게 생겼어요? 이래서야 바닥에 세울 수도 없겠는걸요."

장하다의 말에, 용선생이 의미심장한 표정을 지으며 토기를 바닥의 구덩이에 엎어 놓았다. 토기는 구덩이에 딱 들어맞았다.

"어? 아하! 그래서 끝이 뾰족한 거였군요!"

"신석기 시대 사람들이 살던 강가나 바닷가에는 단단한 바위보다는 모래가 많았을 거야, 그렇지? 모래 바닥에 놓고 쓰자면 바닥이 평평한 것보다 뾰족한 게 더 좋았을 거야. 이렇게 끝이 뾰족하고 빗살 같은 무늬가 들어 있는 토기를 '빗살무늬 토기'라고 불러."

"그런데 이 빗살무늬는 왜 있는 거예요?"

"그게 바로 디자인이라는 거야. 예쁘라고 넣은 거지."

빗살무늬 토기 암사동에서 발견된 토기로, 높이가 25.9cm나 돼. 크기와 형태로 보아 밥그릇이 아니라 곡식을 저장하거나 요리를 할 때 사용한 것 같아.

빗살무늬 토기를 만드는 방법

1. 진흙에 물을 섞어 잘 반죽한다.

2. 반죽한 진흙으로 띠를 만들어 쌓아 올린다.

3. 진흙이 마르기 전에 표면을 매끄럽게 다듬고 무늬를 새긴다.

4. 그늘에 말렸다가 불에 굽는다.

곽두기의 물음에 허영심이 당연하다는 듯 대꾸했다.

"무늬를 넣은 이유에 대해선 여러 가지 추측이 있어. 영심이 말처럼 그릇을 멋있게 장식하려고 무늬를 넣었다는 얘기도 있지. 하지만 그보다 더 그럴듯한 이야기는 토기를 구울 때 그릇이 갈라지지 않도록 하기 위해서라는 거야. 그릇 바깥쪽에 무늬를 새기면 불의 열이 무늬의 결을 따라 토기 구석구석으로 골고루 퍼진대. 그러면

한 곳에 열이 집중되지 않아 토기를 구울 때 아무래도 깨질 확률이 줄어들겠지."

"근데, 그릇 얘기는 처음 듣는 것 같아요. 그 전에도 그릇이 있었어요?"

장하다의 질문에 용선생이 두 팔을 활짝 펼치며 반가운 표정을 지었다.

"하다가 이렇게 날카로운 질문을 하다니! 그래, 토기는 신석기 시대에 처음 사용되었어. 그릇은 음식을 담아 두는 도구잖아? 그런데 구석기 시대에는 먹을 것이 그리 풍족하지 않았기 때문에, 따로 음식을 담아 둘 일이 없었던 거지. 하지만 신석기 시대에는 구석기 시대에 비해 먹을 게 많아지자, 먹고 남은 음식을 저장해 둘

신석기 시대의 다양한 토기들 신석기 시대에는 빗살무늬 토기 외에 고산리식 토기, 덧무늬 토기 등 지역마다 다양한 형태의 토기들이 만들어졌어. 토기를 만들기 시작하면서 물건을 저장하거나 다양한 음식을 조리하는 게 쉬워졌어.

필요가 생겼던 거야. 게다가 토기를 이용하여 음식을 조리하거나 물건을 담아 운반할 수도 있었지. 어때, 지금은 흔한 그릇이지만 당시에는 여러모로 쓸모 있는 중요한 도구였겠지?"

신석기 시대 사람들은 농사꾼이래!

"자, 그럼 여기서 문제! 신석기 시대 사람들은 이 토기에 무엇을 담았을까요?"

"싱싱한 물고기요!"

"맛있는 조개요!"

"달콤한 과일이요!"

"육즙이 살아 있는 고기!"

아이들이 저마다 한마디씩 했다. 하지만 용선생은 고개를 이리저리 저으며 아리송한 소리만 했다.

수수 한반도에서도 신석기 시대에 농사를 지은 흔적들이 발견되고 있어. 최초로 재배한 곡식은 조, 피, 수수야. 그 당시 가장 쉽게 구하고 기를 수 있는 곡식이었기 때문이지.

"그런 것들도 담긴 했겠지만 더 작은 걸 담기도 했을 거야. 그냥 바닥에 놓으면 흐트러져서 보관하기 어려운 것들 말이야."

"작은 거? 아, 그럼 사탕 같은 거요?"

두기의 귀여운 대답에 용선생이 큰 소리로 웃었다.

"하하하, 신석기 시대에 과연 사탕이 있었을까? 정답은 바로 곡식이야. 조, 피, 수수 같은 곡식의 낟알. 얘들아, 토기에 곡식을 저장했다는 건 무척 중요한 사실이야. 신석기 시대 사람들이 드디어 농사를 짓기 시작했다는 이야기니까! 정말 대단하지?"

　용선생은 흥분하여 핏대를 올리며 외쳤지만, 아이들은 뭐가 그리 대단하다는 건지 알 수 없었다. 아이들의 시큰둥한 표정을 본 용선생이 머리를 긁적였다.

"자, 생각을 한번 해 봐! 농사를 짓기 전까지는 사람들이 스스로 먹을거리를 만들어 낼 수가 없었어. 나무 열매가 달려 있을 땐 따 먹으면 되지만, 열매가 다 떨어지고 나면 방법이 없지. 사냥을 하려고 해도 사냥감을 찾지 못하면 어쩔 수 없는 거고. 조개나 물고기도 잡지 못하면? 먹을거리를 찾아 떠나야겠지! 그런데 아무리 돌아다녀도 먹을거리가 풍부한 곳을 찾을 수 없으면? 게다가 먹을 것은 모자란데, 아이들은 태어나서 더 많은 먹을거리가 필요해진다면? 도토리 한 톨 구할 수 없는 추운 겨울에는? 그럴 땐 어떻게 하지?"

"그럼…… 그냥 쫄쫄 굶어야 했겠네요."

배가 고프면~! 농사지으면 되고~!

농사는 아무나 짓나?

"맞아. 다른 방법이 없잖아. 굶고 또 굶다가 쓰러져 죽는 사람도 많았을 거야. 그런데 사람들이 농사를 짓기 시작하면서부터는 뭔가 믿을 구석이 생긴 거야. 나무 열매가 다 떨어져도, 사냥에 계속 실패해도 식량을 얻을 수 있으니까. 씨를 뿌리면 뿌린 만큼, 열심히 일하면 일한 만큼 곡식을 거둘 수 있으니, 이건 상황이 엄청나게 달라진 거지. 그러니까 농사를 짓게 되었다는 건 자연에 기대어 살기만 하던 인간이 식량을 직접 생산하는 생산자로 우뚝 서게 되었다는 걸 의미해. 어때, 정말 놀라운 일 맞지?"

아이들은 그제야 "아~", "오호~" 하며 고개를 끄덕였다.

"그런데 사람들은 어떻게 농사를 짓기 시작하게 된 거죠?"

궁금증이 생긴 나선애가 묻자, 용선생은 그때까지 잔뜩 힘이 들어가 있던 어깨를 툭 떨어뜨리며 말했다.

"농사를 어떻게 짓게 되었나에 대해서는 정확하게 알려진 게 없어. 아마도 곡식 낟알이 땅에 떨어져 싹이 자라는 걸 누군가 우연히 보고 농사를 시작하지 않았을까 추측하고 있지. 가만있자……. 농사가 어떻게 시작됐는지에 대한 재미있는 이야기 하나 들려줄까?"

"좋아요!"

"옛날 옛적 신석기 시대에, '장하군'이라는 아이가 있었어. 하군이는 아침마다 움집 뒤쪽으로 가 똥을 눴지. 하군이는 밥을 많이 먹었기 때문에, 똥도 무지무지 많이……."

"으, 선생님!"

허영심이 못 견디겠다는 듯 손사래를 쳤다.

"응? 알았어, 넘어가고. 그러던 어느 날 하군이가 움집 뒤쪽에서 뭔가를 발견했어. 땅바닥에 웬 싹이 하나 자라나 있는 거야. 하군

이의 머릿속에 이런 생각이 스쳐 지나갔어. '가만, 여긴 장운동이
활발한 내가 아침마다 똥을 누는 자리잖아. 똥 속에 섞여 있던 낟
알이 싹을 틔운 건가? 그렇다면 작정하고 낟알을 땅에 뿌려 보면
어떨까?' 그래서 다음날 하군이는 낟알을 먹지 않고 땅에 심어 본
거지. 이렇게 해서 농사를 발견하게 되었다는 이야기도 있단다."

"선생님, 이상해요. 그 이야길 듣고 나니 갑자기 제 배가 사르르
아파 오는 것 같아요."

장하다의 말에 아이들이 낄낄 웃었다.

"신석기 시대 사람들이 처음부터 농사를 잘 지은 건 아냐. 처음엔
씨를 그냥 땅 위에 뿌리기만 했기 때문에 많은 곡식을 거둘 수가
없었어. 하지만 땅을 파서 씨앗을 심는 방법을 알게 된 뒤로는 점
점 더 많은 곡식을 얻게 되었어."

"그럼 신석기 시대 사람들은 어떤 곡식으로 농사지었나요?"

신석기 시대의 농사 도구

돌도끼 나무가 많은 땅에는 농사를 지을 수가 없겠지? 신석기 시대 사람들은 나무를 베고 불을 질러서 밭을 만들었는데 이때 도끼로 나무를 베었어.

뿔괭이 사슴뿔로 만든 괭이야. 나무뿌리, 돌, 잡초를 캐낼 때 사용했어.

돌괭이 씨앗을 뿌리기 전에 땅에 박혀 있는 돌이나 나무뿌리를 없애고 흙을 부드럽게 만들어야 해. 괭이는 땅을 파거나 흙을 고르는 데 사용한 도구야.

돌낫 곡식이 다 자라면 거둬들여야겠지? 돌낫은 곡식의 이삭을 자르고 풀을 베는 데 사용했어.

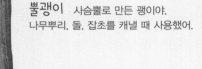

갈돌과 갈판 넓적한 갈판 위에 곡식 낟알을 놓고 갈돌을 앞뒤로 움직여 껍질을 벗기거나 가루를 냈어. 신석기 시대 사람들도 곡식을 갈아 먹으면 소화가 잘된다는 것을 알고 있었나 봐.

곽두기가 눈을 반짝이며 물었다.

"신석기 시대에는 콩, 조, 팥, 피, 기장, 수수 같은 곡식을 심었어. 쌀을 수확할 수 있는 벼농사는 청동기 시대 이후에 본격적으로 짓기 시작했단다."

 ## 한곳에 정착해 마을을 이루다!

"이제 신석기 시대의 가장 큰 특징이 사람들이 농사를 짓기 시작했다는 점이라는 걸 잘 알았지? 그런데 농사 말고도 중요한 변화가

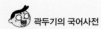
곽두기의 국어사전

목축
다양한 가축을
가두어 기르는 것을
말해. 야생 동물
중에서 제일 먼저
길들인 것은 개,
그 다음이 돼지야.

하나 더 있었어. 짐승을 길들여 기르기 시작했다는 점이야. 이걸 목축이라고 해. 신석기 사람들은 짐승을 길러서 잡아먹기도 하고, 사냥이나 짐을 옮길 때 이용하기도 했어. 그럼 이번엔 목축에 대한 옛날이야기를 들려줄게."

"또 지저분한 이야기를 하시려고요!"

허영심이 저도 모르게 손을 귀에 가져다 대며 외쳤다.

"아냐, 잘 들어 봐. 옛날에 고기를 좋아하는 '깍두기'란 아이가 살았는데, 어느 날 사냥 나갔던 어른들이 멧돼지 두 마리를 잡아 왔어. 마을 사람들은 기뻐서 잔치를 벌였지. 그런데 너무 배가 불러서 멧돼지 한 마리는 잡아먹지 않고 울타리에 가둬 두었어. 며칠 뒤 깍두기는 멧돼지가 잘 있나 보러 갔어. 그랬더니 글쎄 멧돼지가 열 마리나 있는 거야! 새끼를 낳은 거지. 깍두기는 얼른 어른들에

가락바퀴로 실 잣기

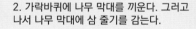
1. 삼의 줄기나 짐승의 털 등 실을 만들기 위한 재료를 준비한다.

2. 가락바퀴에 나무 막대를 끼운다. 그러고 나서 나무 막대에 삼 줄기를 감는다.

게 달려가 이 사실을 알렸어. 마을 사람들은 잡은 짐승을 바로 잡아먹는 것보다는, 키우는 게 더 낫겠다는 결론을 내렸어. 이렇게 해서 목축을 시작하게 되었다는 이야기지."

"와……!"

두기는 귀여운 새끼 돼지를 떠올리며 눈을 깜박거렸다.

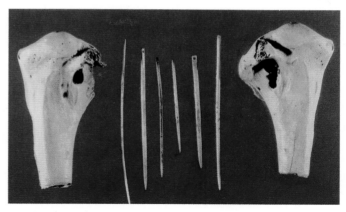

뼈바늘과 바늘함 신석기 시대 사람들이 실로 옷을 만들 때 사용했던 뼈바늘과, 바늘을 담아 놓았던 바늘함이야. 둘 다 짐승의 뼈로 만들었어. 짐승의 뼈로 저렇게 정교한 바늘을 만들었다는 게 놀랍지 않니?

"그뿐만이 아니야. 구석기 시대에는 풀잎으로 몸을 덮거나, 동물의 가죽을 벗겨낸 다음 말려서 몸에 걸치는 게 전부였어. 하지만 이제는 식물에서 얻은 섬유를 이용해 실을 만들고, 그 실을 짜서

3. 나무 막대를 빙빙 돌리면서 삼 줄기를 꼬아 실을 만든다.

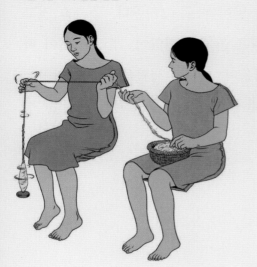

가락바퀴 신석기 시대 사람들은 식물에서 뽑은 실로 옷을 만들어 입었어. 가락바퀴는 가운데 구멍에 나무 막대를 끼운 뒤 돌려서 실을 꼬던 도구야. 식물에서 바로 뽑은 실은 짧고 잘 끊어졌는데 가락바퀴를 이용해 꼬면 길고 튼튼한 실이 되었어.

조가비, 동물 이빨로 만든 장신구

나는 '신'석기 시대의 '신'여성!

가죽옷

조가비로 만든 팔찌

짐승의 송곳니로 만든 발찌

제대로 된 옷감을 만들 수 있게 되었어. 그런데 옷감을 연결하려면 뭐가 필요하지? 그래 바로 바늘인데, 바늘은 짐승의 뼈를 날카롭게 갈아서 만들었어. 자 이제 모든 준비가 끝났구나. 뼈바늘에 실을 꿰어서 옷감에 바느질을 하면 몸에 꼭 맞는 멋진 옷을 만들 수 있겠지!"

"집도 생기고 농사도 짓고, 또 짐승도 키우고, 옷도 바느질해서 만들어 입고……. 동굴에서 살던 구석기 시대와는 정말 다른 생활을 했던 것 같아요."

용선생의 설명을 곰곰이 되새기던 나선애가 말했다.

"그럼. 그럼! 내가 하고 싶은 말이 바로 그거란다. 농사를 짓고 가축을 기르면서 사람들의 생활은 크게 바뀌었어. 무리를 지어 떠돌아다니며 식량을 구하던 사람들이, 떠돌이 생활을 끝내고 한곳에 자리를 잡고 살게 된 거야. 이렇게 한곳에 머물러 사는 생활을 '정착 생활'이라고 해."

"그래서 움집도 짓게 된 거군요."

"그렇지. 그런데 정착 생활을 할 때는 한 집안 식구들끼리만 모여 살았던 게 아니야. 여러 집이 한데 어울려서 마을을 이루고 살았어. 여기 암사동만 해도 움집터가 20개 정도 발견되었는데, 원래는 훨씬 더 집이 많았을 거래."

"하지만 구석기 시대에도 사람들이 무리를 이루어 살았다고 하셨잖아요?"

다시 나선애가 물었다.

"어, 그랬지! 하지만 구석기 시대 사람들의 무리는 작은 규모였어. 이리저리 옮겨 다니며 사냥과 채집을 해서 먹고살 때는 무리가 작은 것이 더 유리했으니까. 언제 다른 곳으로 떠나야 할지 모르는데 무리의 수가 너무 많으면 움직이는 데 시간도 많이 걸리고 불편한 점도 많을 거 아냐? 하지만 농사를 지으면서 사정이 달라졌어. 씨 뿌리고, 잡초 뽑고, 곡식을 거두려면 한꺼번에 많은 일손이 필요하거든. 그러자면 보다 많은 사람들이 힘을 합쳐야 되잖아. 그래서 사람들이 모여서 마을을 이루게 된 거야."

"하지만 사람들이 많아지면 싸우기도 하고 그럴 텐데……."

"그럴 땐 마을에서 가장 나이 많은 어른들이 나서서 질서를 바로잡았지. 하지만 이때까지만 해도, 부자와 가난한 사람, 또는 특별히 신분이 높은 사람이나 낮은 사람이 따로 있는 건 아니었어."

"왕이나 하인 같은 신분이 없었다는 말이군요?"

나선애가 물었다.

"그렇지! 신석기 시대의 마을은 사람들이 함께 농사짓고, 함께 나눠 먹으며 서로 평등한 생활을 하는 곳이었던 거야."

"하~암."

곽두기가 저도 모르게 하품을 하다 흠칫 놀라 입을 가렸다. 꽤나 피곤해진 모양이었다.

"이제 돌아갈 때가 된 모양이구나. 슬슬 일어나 볼까?"

다 같이 움집 밖으로 나오니 어느새 노을이 한강을 붉게 물들이

이동 생활 VS 정착 생활

고 있었다. 기분이 좋은 듯 휘파람을 휘휘 불던 용선생이 주머니에서 휴대 전화를 꺼내 들었다. 그런데 휴대 전화를 들여다보던 용선생의 얼굴이 갑자기 일그러졌다.

"어! 교장 선생님한테 전화가 왔었네? 큰일 났다, 얘기 안 하고 나왔는데……. 얘들아, 서둘러!"

용선생은 허둥거리며 아이들을 재촉해 버스에 태웠다.

"선생님, 교장 선생님한테 혼나시는 거예요?"

두기의 말에 용선생의 목이 쑥 움츠러들었다.

꾸미개 신석기 시대 사람들도 자기 자신을 꾸미는 것을 좋아했어. 지금처럼 번쩍이는 보석은 아니지만 조개껍질, 뼈를 이용해서 다양한 장신구를 만들곤 했지.

"어, 그게…… 자꾸 학교 밖으로 나가면 부모님들도 걱정하시고, 공부는 안 하고 놀러만 다니는 것처럼 보인다고 걱정을 하셨거든. 얘들아, 부탁 하나만 하자. 혹시라도 교장 선생님이 왜 밖으로 나갔냐고 물으시면 너희들이 야외 수업 하자고 조르고 졸라서 선생님이 어쩔 수 없이 나온 거라고 좀 해 줄래? 응?"

용선생의 말이 떨어지기가 무섭

게 아이들은 그럴 수 없다는 둥, 자신은 진실의 편에 서겠다는 둥 한바탕 시끄럽게 떠들었다.

'아휴, 정신없어. 앞으로의 역사 수업이 걱정되는구나.'

나선애는 창밖을 내다보며 한숨을 폭 쉬었다.

나선애의 정리노트

1. 뗀석기 vs 간석기

뗀석기	간석기
돌을 떼어 내서 만든다.	돌을 갈아서 만든다.
원하는 모양으로 만들기 어렵다.	원하는 모양으로 갈기만 하면 된다.
날이 무뎌지면 버리고 다시 만들어야 한다.	날이 무뎌지면 다시 날카롭게 갈면 된다.

2. 신석기 시대 이것만 알면 된다!

① 신석기 시대의 가장 큰 변화 : 농사를 시작함(한곳에 머물러 살게 됨)

② 신석기 시대 사람들의 집: 움집(움푹 파인 반지하 집)

③ 신석기 시대의 대표적인 유물: 간석기(돌을 갈고 다듬어서 만듦)

빗살무늬 토기(곡식 등을 조리·보관한 토기)

3. 대표 유물과 유적으로 보는 신석기 시대 생활상

① 조개무지와 이음낚시 ——→ 조개와 물고기를 먹었다.

② 빗살무늬 토기 ——→ 음식을 조리하고 저장할 수 있었다.

강가나 바닷가에서 살았다.

③ 돌괭이, 돌낫 ——→ 농사를 짓기 시작했다.

④ 움집 ——→ 한곳에 정착해 살기 시작했다.

⑤ 가락바퀴와 뼈바늘 ——→ 실을 뽑아 옷을 만들어 입었다.

신이시여, 소원을 들어 주세요

농사를 어떻게 짓는지 찬찬히 한번 살펴볼까?

봄이 되면 농부는 겨울 동안 딱딱하게 얼었던 땅을 갈아서 흙을 부드럽게 만들지. 그런 다음 씨를 뿌리고 물을 줘. 여기서 끝이 아니야. 본격적인 농사일은 이제부터 시작이야. 가을이 될 때까지 매일 꼭두새벽에 일어나는 것은 기본! 허리를 쉴 새 없이 굽혔다 폈다 하면서 아무리 뽑아도 끝이 없는 잡초를 뽑아 줘야지, 해충도 잡아 없애야지. 팔, 다리, 허리, 어깨가 끊어지게 아픈 건 필수라니까.

그런데 이렇게 힘들게 일해도 농사를 망칠 수가 있어. 예를 들어 여름에 갑자기 비가 억수같이 쏟아져서 홍수가 난다든가, 아니면 정반대로 비가 너무 안 내리고 뙤약볕만 계속 쏟아진다든가 하면 한 해 농사를 망치겠지? 사람이 잘못한 건 하나도 없는데 날씨 변화 때문에 굶주리게 되는 거야.

자연스럽게 신석기 시대 사람들은 자연의 법칙과 원리에 관심을 기울이게 되었어. 홍수는 왜 나고, 태양은 왜 뜨거울까? 신석기 시대 사람들은 자연을 자세히 관찰하고는, 이런 결론을 내렸어. 구름의

얼굴 모양 토기

신이 변덕을 부리면 홍수가 나고, 태양의 신이 화가 나면 활활 타오른다고. 즉, 날씨를 결정하는 신이 있다고 생각한 거야. 그러니 농사를 망치지 않으려면 신들의 자비가 필요하겠지?

그렇기에 사람들은 농사가 잘되도록 신이 보살펴 주기를 바라게 됐어. 그래서 신에게 소원을 빌고, 소원을 담은 예술 작품을 남기기 시작했어. 지난 시간에 구석기 시대 사람들이 소원을 비는 그림을 그릴 때, 단순히 자연 속 동물들을 그대로 그렸던 것 기억나니? 반면 신석기 시대 사람들은 명확히 '신'이라는 존재를 생각하게 되었어. 그들은 해, 강, 산, 바위 등에 영혼이 있다고 믿었고, 호랑이, 곰 같은 동물들이 자기 부족을 지켜 주는 신이라 여겨 섬기기도 했어. 그래서 많은 사람들은 신석기 시대 때, 본격적으로 종교와 예술이 시작되었다고 보고 있어.

조개가면 조개껍질에 3개의 구멍을 뚫어서 사람의 눈과 입을 표현했어. 가면처럼 생기긴 했지만 길이가 10.7cm밖에 안 돼.

☕ COMMENTS

 왕수재 : 신이시여! 이번 기말고사에서 전교 1등 하게 해 주세요.

↳ 🍰 용선생 : 신은 곧 교과서이니라. 교과서를 보세용.

한국사 퀴즈 달인을 찾아라!

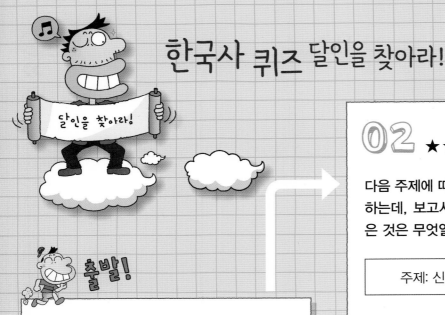

출발!

01 ★☆☆☆☆

간석기와 뗀석기를 비교해 볼까? 질문의 답에 동그라미를 쳐 봐.

① 어떤 게 더 예리할까? 뗀석기 / 간석기
② 어떤 게 더 정교할까? 뗀석기 / 간석기
③ 어떤 게 더 편리할까? 뗀석기 / 간석기

02 ★★★★★

다음 주제에 따라 탐구 보고서를 작성하려고 하는데, 보고서에 들어갈 내용으로 옳지 않은 것은 무엇일까? (   )

주제: 신석기 시대 사람들의 생활

① 쌀밥을 지어 먹었던 신석기 시대 사람들

② 강가에서 물고기와 조개를 잡았던 신석기 시대 사람들

③ 조, 피, 수수 같은 잡곡을 농사지었던 신석기 시대 사람들

④ 가락바퀴와 뼈바늘을 이용해 옷을 만드는 신석기 시대 사람들

03 ★★★☆☆

우아! 신석기 시대 발명품들이 전부 모여 있잖아! 이 발명품들의 이름이 뭐더라? 얘들아, 좀 도와줘.

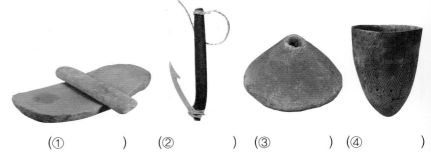

(①   ) (②   ) (③   ) (④   )

05 ★★★☆☆

아래 그림은 신석기 시대
움집을 상상해서
그린 그림이야.
그림을 보고
빈칸을 채워 보자.

04 ★★★☆☆

맙소사! 다른 아이들은 필기를 열심히 했는데, 장하다만 공책이 빈칸
투성이잖아. 저 안에 무슨 단어가 들어가야 하는지 아는 사람 없어?

	구석기	신석기
대표적인 도구는?	뗀석기	(①)
주로 살던 곳은?	동굴	(②)
먹을 것을 구하는 대표적인 방법은?	사냥과 (③)	(④)와 목축

• 정답은 269쪽에서 확인하세요!

4교시

청동기 시대
고인돌의 비밀을 밝혀라

구석기 시대에서 신석기 시대에 이르기까지
참 많은 일들이 있었지?
자, 이번엔 돌이 아니라 청동기를 다루던 시대야.
돌하고 달리 반질반질하고 윤이 나는
청동기를 처음 본 사람들은
너도나도 갖고 싶었을 거야, 그렇지?
하지만 청동은 무척 귀한 재료여서
누구나 가질 수 없었어.
그럼 청동기를 가진 사람은 어떤 사람이었을까?
대체 평등했던 신석기 마을에
어떤 변화가 일어나게 된 걸까?

390만 년 전

최초의 인류가
등장하다

 구석기
시대가
시작되다

 신석기
시대가
시작되다

 청동기
시대가
시작되다

 위만이
고조선의
왕이 되다

 주몽이
고구려를
세우다

70만 년 전   BC 8000년경   BC 2000년경   BC 2세기 초   BC 37

강화도 고인돌

용선생은 선뜻 교실에 들어가지 못하고 문 앞에 서서 정체 모를 기다란 모자를 만지작거렸다. 오늘 수업을 위해 준비한 것이 잔뜩 있었지만, 아이들이 재미있어 할지 어떨지 자신이 없었던 것이다. 용선생은 혼자 "아자!" 하고 기합을 넣고 박수를 짝짝 친 다음, 긴 모자를 뒤집어쓰고 교실 문을 열었다.

"윽, 선생님! 오늘은 피에로예요?"

문틀에 부딪힐 정도로 기다란 모자를 쓴 용선생을 본 아이들이 소리를 질렀다. 하지만 용선생은 아랑곳 않고 마술사처럼 정중하게 허리를 굽혀 인사했다.

"여러분, 지금 여러분의 눈앞에 수천 년 전의 진귀한 금속 검이 나타난다면 믿으시겠습니까?"

아이들은 이게 대체 무슨 소리인가 싶어 눈만 껌뻑거렸다. 용선생은 진지한 얼굴로 "귀하디귀한 검이여, 그대의 모습을 드러내 주

소서!" 하고 외치더니 알 수 없는 주문을 중얼중얼
외웠다. 그런 다음 용선생이 발을 쿵 구르자 "펑!" 하는 소리와
함께 연기가 피어올랐다. 연기가 사라지자 어느새 용선생의
손에는 길쭉한 칼이 쥐어져 있었다.

"우아! 이게 뭐예요?"

용선생의 꽤 그럴싸한 마술에 곽두기가 자리에서 벌떡
일어났다.

"청동으로 만든 칼이야."

"이걸 왜 보여 주시는 건데요?"

왕수재가 애써 관심 없는 척 물었다.

"아니, 너희들 이게 얼마나 대단한 물건인지 아직
모르는가 보구나!"

용선생은 정색을 하고 칼을 스윽 휘둘러 보였다.

 ## 아무나 가질 수 없었던 청동 검

"수십만 년 동안 이어진 석기 시대 동안, 사람들은
돌로 도구를 만들어 사용해 왔어. 그런데 언제부턴
가 금속으로 도구를 만드는 사람들이 생겨나기 시

청동 검 청동으로 만든
칼이야. 길이는 42cm이고,
몸통과 손잡이를 따로 만들어서
조합했어. 청동은 원래 금색을
띠는데, 오래되면 녹이 슬어
초록색으로 변해.

작한 거야. 그 금속은 바로 청동이었지! 사람들은 청동으로 칼도 만들고 거울이나 방울 같은 특별한 물건들도 만들었어. 이렇게 청동으로 도구를 만들어 사용하던 시대를 '청동기 시대'라고 해."

"그런데 청동이 뭐래요?"

장하다가 머리를 긁적이며 물었다.

"청동은 '푸른[靑] 구리[銅]'라는 뜻이야. 가만, 우선 구리가 뭔지부터 알아야겠구나. 전선을 벗겨 보면 노란 금속이 들어 있잖아? 그게 구리야. 구리는 땅 표면에서 가까운 깊이에 묻혀 있어서, 옛날 사람들도 구하기 쉬운 재료였어. 게다가 토기를 불에 구워 내는 온도면 충분히 녹기 때문에 사용하기에도 편리했지. 아마 옛날 사람들은 토기를 굽다가 구리 광석이 불에 녹는 걸 보고 처음으로 구리

청동기를 만드는 방법

1. 구리와 주석 등을 도가니에 넣고 센 불로 가열해.

2. 구리와 주석 등이 녹으면 청동 물이 돼. 이 청동 물을 거푸집이라는 틀에 부어.

를 발견했을 거야.”

“잠깐만요! 그런데 왜 ‘구리 시대’라는 말은 없나요?”

나선애가 재빨리 손을 들고 물었다.

“구리가 너무 물러서 구리 하나만으로는 그다지 쓸모가 없었거든. 전선 속에 든 구리를 보면 알겠지? 조금만 힘을 주면 쉽게 구부러지잖아. 그래서 이걸 어떻게 쓸까 고민하던 사람들이 구리에 주석이나 납, 아연 같은 다른 금속을 섞어 봤어. 그랬더니 이렇게 단단하고 멋진 청동이 만들어진 거야!”

창문을 통해 들어온 햇빛에 칼이 번쩍였다. 용선생이 한쪽 손을 허리에 척 얹고는 거드름을 피우며 말했다.

“그런데 이런 청동 검은 말이다, 아주 귀하고 특별한 물건이었어.

3. 거푸집이 식으면 청동기를 꺼내서 잘 다듬어. 칼이나 도끼 같은 것은 숫돌에 갈아서 날을 날카롭게 만들어.

청동 검 거푸집,
청동 낚싯바늘·거울 거푸집 전라남도 영암에서 발견된 것으로 전하는 거푸집이야. 붕어빵을 만들 때 반죽을 넣는 붕어 모양의 틀과 비슷해 보이지? 숭실대학교 한국기독교박물관 소장. 국보.

청동을 만드는 데 쓰이는 재료들은 돌에 비해서 구하기도 어렵고 양도 적었거든. 물론 금속을 녹여서 검을 만들려면 기술도 필요했지. 그래서 청동 검은 아무나 가질 수 없는 것이었어."

"그럼 어떤 사람이 가질 수 있었는데요?"

아까부터 청동 검을 탐내고 있던 곽두기가 물었다.

"좋은 질문이다! 그럼 이 청동 검의 주인을 만나러 가 볼까?"

용선생은 기다렸다는 듯, 교실 문을 활짝 열었다.

잠시 뒤, 아이들을 태운 미니버스가 힘차게 달리기 시작했다.

"선생님, 우리 지금 어디로 가는 거예요?"

곽두기가 창밖을 내다보며 물었다.

"강화도."

"강화도요? 강화도가 어디에 있는 섬이지?"

장하다가 고개를 갸웃거렸다.

"서울에서 서쪽으로 쭉 가면 나오는 섬이야. 강화도에는 많은 역사 유적들이 있는데, 특히 청동기 시대를 대표하는 유적이 있어. 어떤 유적인지 궁금하지? 꾹 참았다가 직접 눈으로 확인하렴."

강화도에 놀러가 본 적이 있다는 둥, 그런데 하나도 기억이 안 난다는 둥, 이러쿵저러쿵 떠들던 아이들은 얼마 못 가 잠잠해졌다. 다른 때와 달리 용선생이 조용해지자, 아이들은 하나둘 까무룩 잠이 들었다.

고인돌, 너의 비밀을 말해 줘!

"얘들아, 다 왔다! 어서 일어나!"

잠에서 깬 아이들이 버스에서 내리니, 저 멀리 큰 돌덩이가 떡하니 버티고 있었다.

"이게 뭔지 아는 사람?"

"이거 모르는 사람이 어딨어요? 고인돌이잖아요. 옛날 무덤."

왕수재의 대답에 장하다가 놀란 표정으로 되물었다.

"와, 난 몰랐는데……? 이게 무덤이야? 누구 무덤인데?"

"그런 걸 왜 나한테 물어? 선생님한테 물어봐."

왕수재가 퉁명스럽게 대꾸했다.

실제로 보면
얼마나 클까?

용선생 현장 강의

강화도 고인돌   거인의 식탁 같지? 우리나라에는 유독 고인돌이 많은데, 그중 인천 강화도, 전북 고창, 전남 화순의 고인돌 유적은 유네스코 세계 문화유산으로 등록되어 있어.

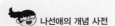
나선애의 개념 사전

족장

부족의 우두머리를
뜻해. 청동기
시대에는 힘이
세거나 재산을 많이
갖고 있는 사람이
주로 족장이 되었어.

"고인돌은 청동기 시대 족장의 무덤이야. 바로 아까 그 청동 검의 주인! 이 고인돌에는 청동기 시대의 사회 모습을 알려 주는 비밀들이 잔뜩 숨어 있어."

"그런데 이름이 왜 고인돌이지?"

장하다가 중얼거리자 곽두기가 조심스레 말했다.

"형아, 고인(古人), 그러니까 옛날 사람들이 만든 돌이라서 그런 거 아닐까?"

"아하! 그렇구나!"

하다와 두기가 마주 보며 기뻐하는데, 용선생이 끼어들었다.

"애들아, 그게 아냐. 돌 아래에 돌을 고여 놓았다고 해서 고인돌이라고 부르게 된 거야. 우리나라에는 유독 고인돌이 많아서 우리를 '고인돌의 나라'라고 부르는 외국 사람들도 있대. 고인돌 중에는 자그마한 것도 있지만 아주 큰 것도 있어. 너희가 보고 있는 바로 이 고인돌처럼! 이 고인돌은 위에 덮인 덮개돌 무게만 무려 50톤이래. 자동차 1대의 무게가 1톤쯤이니까, 자동차 50대 무게랑 비슷하다는 얘기야. 우리나라에서 제일 큰 고인돌은 덮개돌만 297톤이나 된대. 어때, 굉장하지?"

아이들의 입이 딱 벌어졌다.

"그럼 그렇게 무거운 걸 어떻게 옮겼대요?"

"물론 사람의 힘으로 옮겼지."

"우아, 우리 학교 전교생이 다 매달려도 못 들 것 같은데요?"

"못 들지! 실험을 해 봤더니 1톤짜리 돌을 옮기려면 남자 10명이 필요했대. 297톤짜리 덮개돌을 옮기는 데는 2,970명이 필요했을 거라는 이야기야."

"그 많은 사람들이 다 어디서 와서 돌을 옮겨요?"

영심이 이상하다는 듯 물었다.

"그 많은 사람들이 모두 같은 부족에 속해 있었다는 얘기가 되지. 아니, 실제론 그보다 훨씬 더 많은 사람들이 그 부족에 속해 있었을 거야. 2,970명의 남자들한테는 각각 가족이 있었을 테니까. 한 가족이 평균 5명으로 이루어져 있었다고 쳐 보자. 그럼 297톤짜리 고인돌을 만든 청동기 시대 부족 사람들은 대략 몇 명일까? 하다야, 한번 계산해 봐."

입을 헤벌린 채 듣고 있던 장하다가 손가락을 꼽기 시작했다. "그

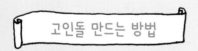

1. 땅을 파서 받침돌을 세워.

2. 받침돌 2개를 다 세우면 흙으로 덮어 완만한 언덕을 만들지.

러니까 2,970에 5를 곱하면……."

그런데 이때 먼저 계산을 끝낸 나선애가 후다닥 대답을 했다.

"14,850. 1만 5천 명에 가깝네요?"

"와, 부족 사람들 수가 굉장히 많구나. 물론 이 부족은 특별한 경우이기는 하지만, 청동기 시대 부족에는 이렇게 많은 사람들이 함께 모여 살았단다. 그리고 족장은 이 많은 사람들을 다스릴 정도로 힘이 강한 사람이었을 테고."

"흠, 족장 혼자 다스리기엔 사람 수가 너무 많지 않나요?"

왕수재가 고개를 갸웃거렸다.

"그렇지. 족장 혼자 그 많은 사람들을 다 관리할 순 없었을 거야. 그러니 틀림없이 족장을 돕는 사람들, 즉 관리가 있었을 거야. 그리고 많은 사람들이 모여 있다 보면, 다른 사람을 다치게 하거나 물건을 훔치는 사람들도 있었겠지? 이렇게 죄를 짓는 사람을 그냥

3. 통나무를 이용해서 언덕 위로 덮개돌을 끌어올려.

4. 흙을 치운 뒤, 받침돌 사이에 시신을 넣고 돌로 앞과 뒤를 막아 주면 끝.

내버려 둔다면 마을 질서가 엉망진창이 되지 않겠어? 그러니 그런 사람들을 다스리기 위한 규칙, 즉 법도 생겨났을 거야."

"그때 벌써 법이 있었다고요?"

아이들은 놀란 얼굴을 했다.

"이야기하다 보니 고인돌을 통해 알 수 있는 사실들이 벌써 여러 개 나왔네. 한번 정리해 볼까? 첫째, 마을의 인구가 많았다. 둘째, 힘센 족장이 있었다. 셋째, 관리가 있었다. 넷째, 법이 있었다."

"잘 모르겠지만 뭔가 굉장해 보이는데요!"

두기가 눈을 반짝거리며 말했다.

"그렇지? 두기야, 그런데 어떻게 해서 청동기 시대에 이렇게 큰 변화가 생겨난 걸까 궁금하지 않니? 잠깐만 기다려. 내가 족장님 모셔 올 테니 직접 물어봐."

용선생은 재빨리 고인돌 뒤로 숨었다. 부스럭부스럭, 쩔그렁, 와장창 소리가 요란하게 울렸다.

"또 무슨 일을 벌이시려는 거지?"

"제발 괴상한 옷만 안 걸치고 나오시면 좋겠다."

나선애와 허영심이 걱정스러운 눈빛을 주고받았다.

부자가 가난한 사람을 다스리기 시작하다

마침내 등장한 용선생은 도깨비 같은 차림새를 하고 있었다. 머리엔 뿔을 쓰고, 가슴엔 번쩍이는 청동 거울을 달고, 청동 방울을 짤랑거리며, 청동 검을 휘둘렀다.

"어휴, 선생님, 대체 왜 이러세요!"

왕수재가 어이없다는 듯 말했지만, 용선생은 못 들은 척 두 팔을 치켜들고 외쳤다.

"나는 청동기 시대 마을의 족장이다. 너희들은 내 말을 순순히 믿고, 나를 존경하라!"

눈을 부릅뜬 그 진지한 모습에, 나선애가 아이들에게 속삭였다.

"어차피 말려 봤자 소용없겠어. 그냥 맞춰 드리자."

아이들은 쩝쩝 입맛을 다시며 고개를 끄덕였다.

"그런데 아저씨는 어떻게 족장이 되셨어요?"

곽두기의 물음에 용선생, 아니 족장이 냉큼 대답했다.

"그야 너희가 보다시피 내가 잘생긴 데다 힘도 세고, 또 부자라서 된 거지, 에헴! 신석기 시대에는 나 같은 지배자가 없었노라. 그땐 먹을 것이 넉넉하지 않아서 모두가 엇비슷하게 나눠 먹는 수밖에 없었지. 농사를 지어도 거두어들이는 곡식의 양이 아직 그리 많지가 않았거든. 그렇게……."

족장이 목소리를 낮추자 아이들이 슬금슬금 앞으로 다가갔다.

"수천 년의 세월이 흘러, 지금은 청동기 시대가 아니냐? 그 사이에 농사 기술과 도구는 크게 발전했다. 이제 우리는 마을 사람들 전체가 먹고 남을 만큼 충분한 식량을 생산할 수 있게 되었다!"

"그럼 다들 잘 먹고 잘 살게 됐겠네요."

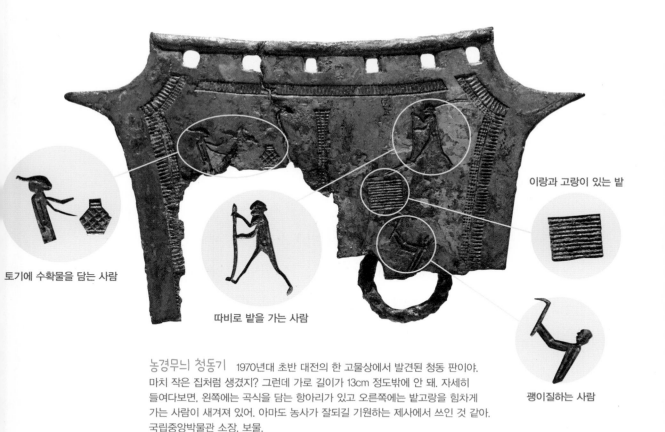

토기에 수확물을 담는 사람

따비로 밭을 가는 사람

이랑과 고랑이 있는 밭

괭이질하는 사람

농경무늬 청동기 1970년대 초반 대전의 한 고물상에서 발견된 청동 판이야. 마치 작은 집처럼 생겼지? 그런데 가로 길이가 13cm 정도밖에 안 돼. 자세히 들여다보면, 왼쪽에는 곡식을 담는 항아리가 있고 오른쪽에는 밭고랑을 힘차게 가는 사람이 새겨져 있어. 아마도 농사가 잘되길 기원하는 제사에서 쓰인 것 같아. 국립중앙박물관 소장. 보물.

장하다가 흐뭇한 표정을 지으며 말했다.

"그게 그렇게 단순한 문제가 아니다! 식량이 늘어나자 남보다 더 많이 가지려고 욕심을 내는 사람들이 생겨났거든. 어떤 사람들은 남은 곡식이나 좋은 농사 도구를 자기 집으로 가져가 부자가 되었다. 하지만 여러 해에 걸쳐서 농사를 망치거나 가족이 죽는 바람에 일손이 부족해져 가난해진 사람도 생겨났지. 그러자 부자들은 직접 일하는 대신 가난한 사람들에게 대가를 주고 일을 시키기 시작했다. 자, 너희들한테 한 가지 물어보겠다. 이렇게 한 마을 안에 부자와 가난한 자가 있으면 어떤 문제가 생길 것 같은가?"

"사람들 사이가 나빠져요."

"도둑이 생겨요."

"서로 재산을 차지하려고 싸워요."

아이들의 대답에 족장은 만족스러운 듯 씨익 웃었다.

"제법이구나! 너희가 선생을 잘 만난 모양이다. 아무튼 이런 문제들이 자꾸 생기니까, 마을의 질서를 바로잡을 사람이 필요해졌다. 그래서 나처럼 싸움을 잘하거나, 경험이 많은 사람, 지식이 많은 사람, 또는 재산이 많은 사람이 족장이 되어 마을을 다스리게 된 거다. 어떠냐, 너희 눈에도 내가 위엄 있어 보이지 않느냐?"

족장이 양팔을 벌리더니 온몸을 부르르 흔들었다. 그러자 요란한 방울 소리와 함께 청동 거울이 번쩍였다.

"아깐 몰랐는데, 볼수록 예쁘네요. 이거 어디서 사셨어요?"

허영심이 방울을 만지작거리자 족장은 짐짓 불쾌한 표정을 지으며 영심의 손을 뿌리쳤다.

"어디다 감히 손을……. 이 청동 거울이 빛나는 것은 저 하늘의 신령한 힘이 내려왔기 때문이다. 청동 방울은 흔들면 소리가 나지? 그건 하늘의 신이 들려주는 소리다. 나만이 그게 무슨 뜻인지 알아들을 수 있지. 그러니 아무나 이 물건에 함부로 손대면 안 되는 거야!"

팔주령 아기들이 가지고 노는 딸랑이처럼 생겼지? 8개의 가지 끝에 청동으로 만든 방울이 들어 있어서 흔들면 신비한 소리가 났어. 제사 도구로 쓰였던 것 같아. 지름 14.5cm, 국립중앙박물관 소장. 국보.

청동 거울 청동 거울의 뒷면을 보면 조그만 고리 같은 게 달려 있어. 거기에 줄을 매달아서 목에 걸었는데 햇빛이 거울에 반사되어 신비스러운 느낌을 주었어.

간두령 포탄처럼 생겼지? 나무 자루를 끼워서 사용했어. 속이 빈 몸통에 칸막이를 두어 위쪽에 청동 구슬을 넣었어. 이렇게 하면 방울 소리가 훨씬 커진대. 높이 15.7cm, 삼성미술관 리움 소장. 국보.

조합식 쌍두령 긴 막대 형태의 몸통을 서로 엇갈리게 휘어 그 양쪽 끝에 방울을 붙였어. 길이 19cm, 삼성미술관 리움 소장. 국보.

쌍두령 꼭 아령처럼 생겼어. 막대 모양의 손잡이 양 끝에 방울이 달려 있어. 길이 15cm, 국립중앙박물관 소장. 국보.

족장은 이번엔 청동 검을 꺼내 하늘 높이 치켜들었다.

"그리고 이 칼로는 옆 마을과 전쟁을 벌였다! 청동 검을 가진 우리 마을은 돌칼을 가진 옆 마을과의 전쟁에서 승리를 거두었노라! 그래서 식량과 땅을 빼앗고, 옆 마을 사람들을 노비로 삼을 수 있었지! 우하하하!"

"아니, 왜 전쟁을 벌이고 그래요?"

허영심이 허리에 손을 짚고 야단치듯 소리쳤다. 흠칫 놀란 족장은 기가 죽어 우물거렸다.

"나도 좋아서 전쟁을 일으킨 건 아니다, 뭐. 마을 인구가 늘어나니 더 많은 식량이 필요하고, 농사지을 땅도 더 많이 필요한 걸 어떻게 하냐고?"

"그럼 족장님 마을 사람들은 어떻게 살았어요? 신석기 시대 움집보다 좋은 집에서 살았겠네요? 뭘 먹고 살았어요?"

더 자세한 게 알고 싶은 나선애는 이것저것 물어보았다. 그러자 족장은 갑자기 손목시계를 들여다보더니 휙 돌아섰다.

"자세한 건 멋진 너희 선생님한테 물어봐라. 나는 시간이 다 돼서 이만 무덤 속으로 들어가야겠다. 그럼 안녕, 에헴."

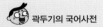

곽두기의 국어사전

노비(奴婢)
노(奴)는 남자 종을, 비(婢)는 여자 종을 뜻해. 그러니까 노비는 남자 종과 여자 종을 합쳐서 부르는 말이야.

간돌칼 청동 검이 없는 마을에서는 돌을 정교하게 갈아 전쟁 무기로 사용했어. 이 칼을 마제 석검이라고도 부르는데, 주로 우리나라에서 많이 발견돼. 길이 34.5cm.

140

"어머, 청동기 시대 족장이 웬 손목시계를 다 갖고 있담?"

허영심의 말에 당황한 족장은 허둥지둥 고인돌 뒤로 사라졌다.

 ## 청동기 시대의 마을, 이렇게 크고 복잡해졌다니!

족장이 사라지자, 다시 용선생이 나타났다.

"너희들 청동기 시대 사람들의 생활이 어땠는지 알고 싶다고?"

"어? 선생님이 그걸 어떻게 아세요?"

영심이 시치미를 뚝 떼고 물었다.

"응? 그, 그야 족장님이 나한테 말해 주셨으니 알지."

용선생은 얼렁뚱땅 대답한 뒤 가방에서 커다란 사진 두 장을 꺼냈다.

"너희들의 궁금증을 풀어 주려고 내가 마법의 연표를 타고 가 신석기 시대와 청동기 시대의 마을 그림을 그려왔단다!"

아이들이 입을 모아 "우우, 거짓말!" 하며 야유를 보냈다.

"얘들이 속고만 살았나? 아무튼 두 그림을 비교하면 청동기 시대 사람들이 어떻게 살았는지 분명하게 알 수 있을 거야. 그럼 지금부터 두 그림을 비교해 어디가 다른지 찾아보자!"

아이들은 한참 동안 두 장의 사진을 뚫어져라 보았다. 역시 나선

청동기 시대 마을

애가 제일 먼저 입을 열었다.

"신석기 시대 마을은 강가에 있는데, 청동기 시대 마을은 얕은 산에 있네요."

"오, 좋아! 그럼 선애야, 왜 청동기 시대에는 사람들이 야산으로 가서 살았을까?"

질문이 어려운지 나선애는 대답 대신 고개를 저었다.

"농사 때문이야. 청동기 시대에는 본격적으로 농사를 지었거든. 그러니까 모래가 많은 강가나 바닷가보다는 뒤에는 산이 있고 앞에는 냇물이 흘러 농사짓기 좋은 야산이나 언덕에 마을을 이루고 살게 된 거야. 자, 또 다른 거 찾은 사람?"

장하다가 얼른 대꾸했다.

"청동기 시대 마을에는 울타리가 쳐져 있어요. 주변에는 물이 흐르고요."

"울타리는 적의 침입으로부터 마을을 보호하기 위해 만든 거야. 이 울타리를 '목책'이라고 해. 마을을 둥글게 둘러싼 물은 '해자'라고 하지. 울타리처럼 다른 마을 사람들이 쉽게 접근하지 못하도록 만든 거야. 또 울타리 위에 원두막같이 높이 솟아 있는 게 보이지? 이건 '망루'라고 하는데, 다른 마을 사

람들이 쳐들어오는지 감시하는 곳이었어."

이번엔 곽두기가 손을 번쩍 들었다.

"선생님! 저도 찾았어요. 공터에서 전쟁놀이를 하는 사람들!"

"응? 하하, 잘 찾아내긴 했는데, 그건 전쟁 놀이를 하는 게 아니라 군사 훈련을 하고 있는 거란다. 언제 전쟁 이 벌어질지 모르니, 미리미리 준비하는 거지. 그만 큼 청동기 시대에는 전쟁이 잦았다는 이야기 겠지?"

용선생의 설명이 끝나자, 왕수재가 잘 난 척을 하고 나섰다.

"제가 찾아낸 건 훨씬 수준 높은 거예 요. 집 모양이 다릅니다. 신석기 시대 움 집은 텐트처럼 생겼는데, 청동기 시대 집은 초가 집이랑 비슷하게 생겼군요."

"그래. 수재 말마따나 청동기 시대 집은 벽도 있고, 지붕도 높아. 집의 크기도 커졌지? 신석 기 시대 움집은 움을 깊게 팠는데, 청동기 시대 에는 움의 깊이를 얕게 하거나, 아니면 아예 땅 위에 집을 짓기도 했단다. 그만큼 집 짓는 기술이 발달했다는 얘

화살촉 신석기 시대의 화살촉보다 더 날카로워졌지? 신석기 시대와 달리 사냥보다는 전쟁 무기로 많이 사용되었어.

기지."

사진을 뚫어져라 노려보던 허영심이 손뼉을 탁 쳤다.

"아! 신석기 시대에는 물고기도 잡고, 나무 열매도 따고, 농사도 지었어요. 그런데 청동기 시대에는 거의 농사만 지었나 봐요."

"그렇지! 농사 기술과 도구가 발달하면서, 청동기 시대에는 신석기 시대에 비해 농사를 더 많이 짓게 되었지. 자, 퀴즈를 하나 낼 테니 알아맞혀 봐. 청동기 시대의 농사 도구는 무엇으로 만들었을까요? 1번 청동. 2

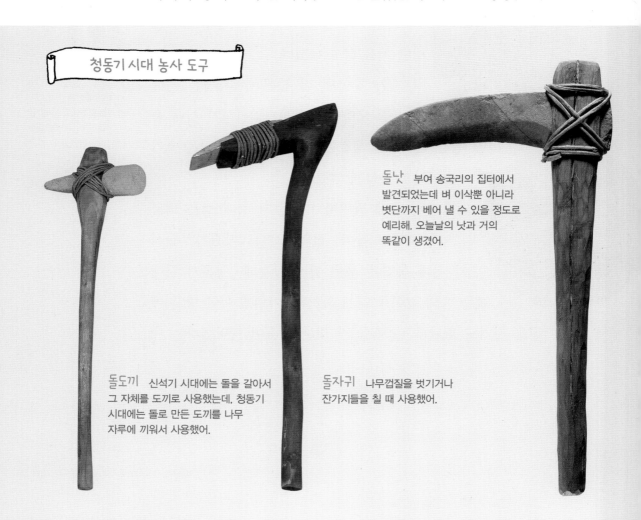

청동기 시대 농사 도구

돌낫 부여 송국리의 집터에서 발견되었는데 벼 이삭뿐 아니라 볏단까지 베어 낼 수 있을 정도로 예리해. 오늘날의 낫과 거의 똑같이 생겼어.

돌도끼 신석기 시대에는 돌을 갈아서 그 자체를 도끼로 사용했는데, 청동기 시대에는 돌로 만든 도끼를 나무 자루에 끼워서 사용했어.

돌자귀 나무껍질을 벗기거나 잔가지들을 칠 때 사용했어.

번 돌. 3번 철. 4번 시멘트."

장하다가 손을 번쩍 들었다.

"청동기 시대니까 당연히 1번, 청동!"

"땡!"

"어? 왜 땡이에요? 석기 시대엔 돌로 도구를 만들고, 청동기 시대엔 청동으로 도구를 만든 거 아니에요?"

그때 나선애가 손을 들었다.

"그렇다면 답은 2번, 돌이겠네요. 청동은 귀하니까 도구를 만들 땐 흔한 돌을 사용했을 것 같아요."

반달 돌칼 모양은 반달, 재료는 돌, 용도는 칼. 그래서 붙여진 이름이 반달 돌칼이야. 손에 끼워 곡식의 이삭을 따는 데 주로 썼어.

"딩동댕! 선애 말대로 청동은 귀해서 무기나 귀중품을 만들 때에만 사용했어. 농사 도구를 만들 때는 여전히 돌을 갈아 썼지. 그러나 청동기 시대의 농사 도구는 신석기 시대의 도구들에 비해 훨씬 정교하고 다양해졌어."

용선생은 호주머니에서 반달 모양의 돌멩이를 꺼내 보여 주었다.

"반달 돌칼은 청동기 시대의 대표적인 농사 도구란다. 이걸로 곡식의 이삭을 땄지. 거두어들인 이삭은 토기에 보관했는데……."

"아, 저 알아요! 빗살무늬 토기요!"

청동기 시대 토기 이 토기들의 공통점을 발견했니? 그래, 빗살무늬가 없어졌어. 그리고
바닥이 평평하지? 산이나 평지로 옮겨 살게 되면서, 더 이상 바닥을 뾰족하게 만들 필요가
없게 되었던 거야. 이런 토기를 민무늬 토기라고 해. 민무늬 토기에도 여러 종류가 있는데
송국리에서 발견된 송국리형 토기(두 번째), 붉은색 칠을 한 붉은 간토기(세 번째)가 있어.
그리고 이런 민무늬 토기 외에도 가지무늬가 들어간 가지무늬 토기(네 번째)가 사용되었어.

참고 영상

저 가지무늬는
어떻게 만들까?

곽두기가 지난 시간에 배운 것을 떠올리며 자신 있게 외쳤다.

"응, 신석기 시대엔 그랬지. 그런데 청동기 시대에 사용한 토기는
빗살무늬 토기와는 다른 토기야. 볼래?"

용선생이 큼지막한 토기를 꺼내 왔다.

"어? 이건 아무 무늬가 없네?"

"밑바닥도 평평해."

"빗살무늬 토기와는 많이 다르지? 무늬가 없기 때문에 이 토기를
'민무늬 토기'라고 불러."

"왜 무늬를 안 넣었을까? 이러면 아무 멋도 없잖아……."

허영심이 서운한 표정으로 중얼거렸다.

"영심아, 다 이유가 있어. 빗살무늬 토기의 무늬는 토기가 갈라지
는 걸 막기 위해서 넣은 거라고 했지? 그런데 청동기 시대에는 토

기를 장작불에서 굽는 게 아니라, 밀폐된 가마에서 높은 온도로 구웠기 때문에 갈라질 염려가 없었거든. 그래서 무늬를 새길 필요가 없었던 거지. 민무늬 토기가 빗살무늬 토기보다 멋은 덜할지 몰라도, 단단하기는 훨씬 더 단단해."

그 말에 장하다가 수박이라도 두드리듯 민무늬 토기를 통통 두드려 보았다.

"청동기 시대 유적지에서는 민무늬 토기와 함께 조, 보리, 콩 등도 발견되었어. 이건 곧 청동기 시대에 이런 곡식을 재배했다는 사실을 말해 주는 거지. 그리고 중요한 곡식 하나가 더 나왔는데, 바로 이거야!"

용선생은 주머니 속에서 사진 한 장을 꺼내 보여 주었다. 사진 속에는 조그맣고 까만 물체들이 쌓여 있었다.

"불에 탄 쌀이야. 이게 있다는 건 곧 청동기 시대에 벼농사가 시작되었다는 얘기지. 그렇다면 청동기 시대 사람들도 우리처럼 쌀로 음식을 만들어 먹었겠구나. 그렇지? 자, 그럼 다시 청동기 시대 마을로 돌아가 볼까?"

"어! 청동기 시대 마을엔 뜀틀도 있네요!"

"어디, 어디? 음…… 그 옛날에도 뜀틀을 했다니 뜀틀 운동은 정말 오래되었군."

곽두기가 가리키는 곳을 본 장하다가 고개를

불에 탄 쌀 경기도 여주에서 3천 년 전 쌀이 발견되었어. 불에 새카맣게 탔기 때문에 숯이 되어 썩지 않고 지금까지 남아 있을 수 있었지.

주억거렸다.

"어이쿠! 애들아, 그건 뜀틀이 아니라 하늘에 제사를 지내던 제단이야. 청동기 시대에는 주로 농사를 지었기 때문에, 사람들은 비를 내려 주거나 햇빛을 비춰 주는 하늘을 두려워하고 높이 받들어 모셨어. 비가 내리지 않아서 가뭄이 들거나, 반대로 비가 너무 많이 와서 홍수가 나거나 하면 곡식이 잘 자랄 수 없으니까. 그래서 사람들은 씨를 뿌리고 난 뒤에나 곡식을 거두어들이고 난 뒤 하늘에

선사 시대
스케치북 엿보기!

참고 영상

울주 대곡리 반구대 암각화 울산에서 발견된 바위그림이야. 신석기·청동기 시대에 사냥과 고기잡이를 주로 하며 살던 사람들의 생활상과 고래가 물을 뿜는 모습, 사슴으로 호랑이를 유인하는 그림 등 300여 점이 새겨져 있어. 높이 약 4m, 너비 약 8m, 국보.

제사를 올렸지. '올해 농사도 잘되도록 도와주세요, 내년 농사도 잘 부탁합니다' 하는 뜻으로 말이야. 자, 그럼 마지막으로 신석기 시대 마을과 청동기 시대 마을의 크기를 한번 비교해 볼까?"

"청동기 시대 마을이 훨씬 크네요!"

"그렇지? 인구가 늘어나면서 마을도 커졌을 거야. 아까 고인돌을 통해서 알아본 것처럼 청동기 시대 마을은 많은 인구, 힘센 지배자와 관리들, 그리고 법을 갖추고 있었어. 그런데 이것들은 마을이 국가로 발전하기 위해서 꼭 필요한 조건들이기도 해. 그래서 청동기 시대에는 세계 곳곳에서 역사상 첫 나라들이 세워지게 되었단다. 한반도에서도 마찬가지였어. 청동기 시대의 마을이 커지고 또 커지더니 마침내 우리 땅에 최초의 나라가 세워진 거야! 그게 어떤 나라였는지는 다음 시간에 알아보자."

용선생은 오늘도 무사히 수업이 끝난 것에 감사하며 이마의 땀을 닦았다. 그러나 곧 이어진 곽두기의 한마디에 얼어붙고 말았다.

"선생님, 다시 마술 부려서 순식간에 우리를 교실에 데려다 주세요, 네?"

"두기야, 내가 무슨 초능력자니? 공간 이동을 하게?"

"아까 청동 검도 나타나게 하고, 족장 아저씨도 불러오셨잖아요. 빨리요!"

"미안하다, 두기야. 선생님이 아직 그런 능력은 없단다. 대신 버스 있는 데까지 업어서 데려다 줄게. 이리 와, 어부바!"

용선생은 장난삼아 등을 내어 주었을 뿐인데, 두기는 정말로 훌쩍 그 등에 업혔다. 아직 어린 두기의 순진함 때문에, 용선생의 얼굴에 절로 미소가 지어졌다. 그런데 용선생이 곽두기를 업고 일어서려는 순간, 장하다까지 그 등에 폴짝 매달리는 것 아닌가?

"두기만 업어 주시면 안 되죠. 저도 업어 주세요!"

용선생은 끙, 신음을 하며 겨우 일어서 걸음을 옮겼다. 하지만 다리가 휘청거려 몇 걸음 걸을 수가 없었다.

"어휴, 아무래도 이건 무리다. 차라리 선생님이 공간 이동 마술을 배워 올게. 오늘은 그냥 가자. 알겠지? 미안, 미안!"

"에이, 그런 게 어딨어요!"

아이들을 후다닥 바닥에 내려놓은 용선생은 도망치듯 버스를 향해 달음질쳐 갔다.

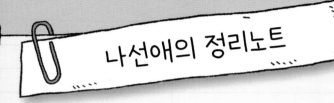

나선애의 정리노트

1. 청동기 시대

석기 시대		청동기 시대	철기 시대
구석기 시대	신석기 시대		

→ 그런데 청동기는 아무나 가질 수 없었다.
왜? 재료를 구하거나 만들기가 어려우니까!

2. 고인돌을 통해 알 수 있는 사실!

① 인구가 많았다.　　　　② 강한 힘을 가진 족장이 있었다.

③ 관리들이 있었다.　　　　④ 법이 있었다.

3. 신석기 시대 VS 청동기 시대

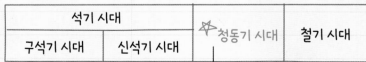

신석기 시대 사람들은 서로 평등했다.

VS

청동기 시대 사람들은 평등하게 살지 않았다.
• 식량이 늘어나자 부자가 생겨났다.
• 부자가 가난한 사람을 다스리기 시작했다.
• 족장은 하늘에 제사를 지내고, 전쟁을 이끌었다.
• 고인돌은 청동기 시대 족장의 무덤이다.

4. 청동기 시대 생활상 총정리!

① 야산이나 언덕에 마을을 이루고 삶

② 마을 둘레에는 울타리가 쳐져 있음

③ 집의 크기가 커지고 바닥의 깊이가 얕아짐

④ 주로 농사를 짓고 살았는데, 벼농사도 지음

⑤ 족장이 하늘에 제사를 지냄

용선생의 역사 카페

Log in

게시판 ∨

- 📄 역사가 제일 쉬웠어용!
- 📄 이제는 더~ 말할 수 있다!
- 📄 필독! 용선생의 매력 탐구
- 📄 전교 1등 나선애의 비밀 노트

고인돌은 왜 만들어졌을까?

청동기 시대의
공동묘지일까?
용선생 현장 강의

고창 고인돌 유적지

우리나라는 '고인돌의 나라'라고 할 만큼 고인돌이 많다고
했지? 한반도에만 4만 기가 넘어. 이건 전 세계 고인돌의 40
퍼센트나 되는 수치라고.

그런데 정말 이게 다 족장의 무덤일까? 그럼 족장이 3만 명
이나 있었다는 얘긴데 좀 이상한 것 같기도 하고……. 고
인돌을 왜 만들었는지에 대한 다른 의견도 한번 들어보자!

1. **공동묘지이다.** 크기가 작은 고인돌이 한 군데에 많이 몰
려 있는 경우에는 공동묘지라고 추정해. 예를 들어 전라북
도 고창 매산 마을에 있는 고인돌들이 이런 경우야. 또 한
고인돌에 두 명 이상이 묻혀 있는데 묻힌 시기가 달라 보일

경우엔 가족묘라고 생각할 수 있어.

2. 전쟁터에서 죽은 사람의 무덤이다. 부러진 검이나 화살촉이 고인돌 안에서 발견됐을 경우에는 전쟁 중에 죽은 희생자의 무덤일 것으로 추측할 수 있어.

3. 제단이다. 간혹 사람 뼈가 발견되지 않는 고인돌이 있어. 이런 건 제단이나 기념물이라고 봐. 눈에 잘 띄는 곳에 큰 고인돌을 놓아서 부족의 기념물로 삼은 거지.

어떤 고인돌 위에는 별자리같이 생긴 문양이 새겨져 있기도 해. 언제 새겨진 건지는 알 수 없지만, 새겨 놓은 이유는 쉽게 짐작할 수 있어. 바로 별자리가 오늘날의 달력과 같은 역할을 했다는 게 그 이유야. 요즘 사람들은 달력을 보고 언제 씨를 뿌릴지, 언제 추수해야 할지 결정하는데, 청동기 시대 농부들은 별자리를 보고 그걸 알았어. 별자리는 계절에 따라 일정하게 움직이기 때문에, 별자리를 보면 날씨와 계절을 알 수 있었거든. 따라서 누군가가 농사에 이용하기 위해 고인돌 위에 별자리를 새겼다고 추측할 수 있지.

☕ COMMENTS

😛 장하다 : 그럼 도대체 고인돌의 정체는 무엇인가요?! 알쏭달쏭해요.

↳ 🍰 용선생 : 흠흠. 나도 지금은 뭐라 말하긴 힘든데……. 나중에 시간 여행을 가서 직접 확인해보자! ㅋㅋ

↳ 😛 장하다 : 선생님, 시간 여행 약속 꼭 지키셔야 돼요!

한국사 퀴즈 달인을 찾아라!

달인을 찾아라!

달인 트로피

출발!

01 ★☆☆☆☆

청동기 시대 유물이 아닌 게 섞여 있네. 어떤 걸까? (   )

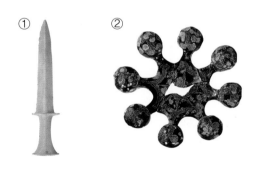

① ②

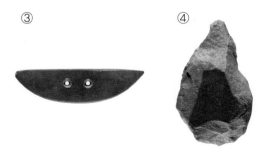

③ ④

02 ★★★★★

밑줄 그은 '이 금속'을 사용하던 시대에 대한 설명으로 옳지 않은 것은 무엇일까?

(   )

> 이 금속은 구리에 주석이나 아연 등을 섞어서 만들어.

① 쌀농사를 짓기 시작했다.

② 마을 사람이 평등하지 않았다.

③ 족장의 무덤인 고인돌을 만들었다.

④ 청동으로 만든 농사 도구를 사용했다.

04 ★★★★☆

청동기 시대에 나라가 세워졌다고 했지? 나라가 세워질 수 있는 조건으로는 뭐가 있을까? 한번 알아보자!

많은 (①)	(②)	(③)	(④)
'사람 수'를 한자로 쓴 거야. 요새로 치면, 우리 고장에 많은 사람이 살고 있는 걸 가리켜서 '우리 고장에는 많은 (①)가 있다'고 표현할 수 있지.	청동기 시대 마을의 질서를 바로잡고, 남들을 다스리는 사람이야. 고인돌과 청동 검의 주인이기도 해.	(②)이 혼자서 많은 사람들을 다 다스릴 순 없어. 그래서 자신을 도울 사람들을 뽑았는데, 그런 사람들을 (③)라고 불러.	많은 사람들을 효과적으로 다스리기 위해 만들었어. 지키지 않으면 손해를 보거나 벌을 받을 수도 있어. 한 글자야.

↑

03 ★★★☆☆

구석기, 신석기, 청동기 시대라고 이름 붙인 이유가 뭘까? 아래 빈칸을 채워 보면 알 수 있겠지?

	구석기 시대	신석기 시대	청동기 시대
도구의 재료	(①)	(②)	(③)
종류	찍개, 주먹도끼, 긁개, 찌르개	돌창, 돌도끼, 화살촉	청동 검, 청동 거울, 청동 방울

↑

• 정답은 269쪽에서 확인하세요!

드디어 우리 땅에 세워진 첫 번째 나라에 대해 이야기할 차례가 되었구나!
우리 역사 속 첫 나라인 고조선은 어떻게 탄생했을까?
또 고조선을 처음 세웠다고 알려진 단군왕검은 누구일까? 그런 인물이 정말 있기는 있었을까?
와, 궁금한 게 참 많네. 자, 그럼 알쏭달쏭한 이야기로 가득한 단군 신화부터 알아보자.

390만 년 전
최초의 인류가
등장하다

구석기
시대가
시작되다

신석기
시대가
시작되다

청동기
시대가
시작되다

위만이
고조선의
왕이 되다

주몽이
고구려를
세우다

70만 년 전   BC 8000년경   BC 2000년경   BC 2세기 초   BC 37

강화 참성단

단군 신화에 숨겨진 놀라운 이야기

✔ 알고 있는 용어에 체크해 보자!

☐ 단군 신화 ☐ 단군왕검 ☐ 고조선 ☐ 비파형 동검

"선생님! 저, 할 말 있습니다!"

용선생이 큰 가방을 메고 교실에 들어서자마자, 왕수재가 벌떡 일어섰다.

"만날 유치원 버스 타고 돌아다니거나 장난감 같은 걸 가지고 역사 수업을 한다고 했더니, 우리 엄마가 깜짝 놀라더라고요. 오늘은 그냥 수업했으면 좋겠어요!"

그 말에 뜨끔한 용선생이 가방을 슬며시 내려놓았다.

"아니, 내, 내가 언제 그랬다고?"

"그럼, 그 가방은 뭔데요?"

곽두기의 국어사전

신화
신이나 영웅을
다룬 이야기, 또는
세상이나 나라가
처음 생길 때의
이야기야.

왕수재가 실눈을 하고 가방을 노려보자, 용선생은 후다닥 가방을 교탁 밑으로 쑤셔 넣었다.

"어? 사실…… 너희들한테 단군 신화 이야기를 해 주려고, 선생님이 곰이랑 호랑이 인형을 가지고 오긴 했어. 뭐, 꼭 인형극을 하자는 건 아니고……."

용선생은 기어들어 가는 목소리로 말꼬리를 흐렸다. 그러자 왕수재가 답답하다는 듯 한숨을 내쉬었다.

"어휴, 설마 우리가 단군 신화도 모를 거라고 생각하신 거예요? 제가 지금 읽고 있는 책에도 나온다고요. 책 한 장도 안 되는 얘기를 가지고, 뭘 곰하고 호랑이 인형까지……. 이거 읽는 데 몇 분 걸리지도 않을걸요?"

왕수재가 큼큼 하고 목소리를 가다듬더니 누가 말릴 틈도 없이 손에 펴 든 책을 읽기 시작했다.

단군 신화는 어떤 이야기일까?

"하늘의 신 환인에게는 환웅이라는 아들이 있었습니다. 어느 날 환웅이 땅을 내려다보니, 사람들이 옹기종기 모여 사는 모습이 참 보기 좋았습니다.

'저 아래 인간 세상을 내가 한번 다스려 보고 싶구나…….'

환웅은 땅으로 내려가 '널리 인간 세상을 이롭게 하고자' 마음먹었습니다. 아들의 마음을 알아챈 환인은 환웅이 땅으로 내려가는 것을 허락하고 하늘의 신하들도 함께 데려갈 수 있도록 해 주었습

세상을 널리
이롭게 하려고
나 환웅이 왔노라!

니다. 그래서 환웅은 바람, 비, 구름을 다스리는 3명의 신하와 3천 명의 무리를 데리고 태백산 꼭대기의 신단수 아래로 내려갔습니다. 땅으로 내려온 환웅은 농사와 생명, 질병, 형벌, 선악 등 사람들의 생활과 관련된 360여 가지 일을 맡아 다스리기 시작했습니다."

"수재 형, 난 인형극 보고 싶은데……."

오 마이 갓!

곽두기가 애처로운 눈빛을 보내며 속삭였지만, 왕수재는 못 들은 척 계속해서 책을 읽어 내려갔다.

"그러던 어느 날, 곰과 호랑이가 환웅을 찾아와서 소원을 빌었습니다.

'하늘의 아들이신 환웅 님, 부디 저희 소원을 들어주세요. 저희는 짐승의 몸에서 벗어나 사람이 되고 싶습니다.'

그러자 환웅은 쑥과 마늘을 주며 말했습니다.

'너희가 정녕 사람이 되고 싶다면 이 쑥과 마늘을 먹으며 100일 동안 햇빛을 보지 말아라. 그렇게 하면 소원대로 사람의 몸을 얻을

수 있으리라.'

곰과 호랑이는 기뻐하며 환웅의 말을 따랐습니다. 그러나 어두컴
컴한 굴 안에 갇혀 쑥과 마늘만 먹는 것은 무척 고통스러운 일이었
습니다. 결국 참다못한 호랑이는 동굴을 뛰쳐나가고 말았습니다.
하지만 잘 참아 낸 곰은 21일째 되는 날, 드디어 사람이 되었습니
다. 곰은 변해서 여자가 되었기 때문에, 이름을 웅녀라고 했습니
다. 사람이 된 웅녀는 아기가 갖고 싶었습니다. 하지만 혼인을 할
배필을 구하지 못했습니다. 웅녀는 다시 환웅에게 소원을 말했습
니다.

'환웅 님, 저는 꼭 아기를 갖고 싶
습니다. 제게 좋은 남편을 구해
주세요.'

웅녀의 간절한 기도를 들은 환
웅은 잠시 사람으로 변해 웅녀와
혼인을 했습니다. 그리고 웅녀는
소원대로 아기를 갖게 되었습니다.
이 아이가 바로 단군왕검입니다. 어른
이 된 단군왕검은 나라를 세우고 나라
이름을 조선이라고 지었습니다. 단
군왕검은 1,500년 동안 나라를 다스

부러싱!

뚜득!

환웅 님과
혼인하게 돼서
기쁩니다!

나도 기쁘다
하하!

사람도 되고
다이어트도 하고
일석이조
였습니다.

근데 입에서
마늘 냄새가
...

리다가 나중에는 산신이 되었는데, 그때 나이가 1,908세였습니다."

책을 다 읽은 왕수재가 벽에 걸린 시계를 바라보았다.

"보세요. 5분이면 되잖아요?"

수재는 어떠냐는 듯 아이들을 죽 둘러보았다.

 ## 단군 신화는 사실일까? 거짓일까?

입을 쩍 벌리고 하품을 하던 장하다가 투덜거렸다.

"그 얘기라면 나도 알아. 그런데 뭐가 그렇게 복잡하냐? 그냥 하늘에서 온 환웅하고 마늘이랑 쑥을 먹고 곰에서 사람으로 변한 웅녀가 결혼해서 단군을 낳았는데, 그 단군이 고조선을 세웠다. 이러면 되는 거지."

자리에 앉은 수재가 하다를 향해 혀를 끌끌 찼다.

"하여튼 단순하긴……. 그래도 역사책에 나와 있는 얘긴데 그렇게 간단할 리가 있냐?"

"어? 단군 신화가 역사책에 나와? 그냥 옛날이야기 아니었어?"

장하다가 눈을 껌벅거리며 용선생을 바라보았다.

"맞아. 수재가 지금 읽어 준 내용은 《삼국유사》라는 역사책에 실려 있는 내용이야. 우리 역사상 처음으로 세워진 나라인 고조선이

 164

《삼국유사》 고려 후기에 승려 일연(1206~ 1289)이 쓴 역사서야. 고려 전기에 김부식이 쓴 《삼국사기》에는 실려 있지 않은 기록들이 많아 고대사를 이해하는 데 없어서는 안 되는 귀중한 자료지.

어떻게 탄생되었는지를 알려 주는 이야기지. 이렇게 나라가 세워지는 과정에 대해 담고 있는 이야기를 건국 신화라고 불러. 그러니까 단군 신화는 곧 고조선이란 나라의 건국 신화인 거야. 수재가 읽어 준 이야기를 들으니 어떠니? 그 이야기가 모두 실제로 일어난 일일까?"

용선생의 질문에 교실이 왁자지껄해졌다. 다들 자신 있는 표정으로 "아뇨!", 다 거짓말이죠!", "에이, 그런 얘길 누가 믿어요?" 하는 소리를 쏟아 냈다.

"흠…… 그래. 물론 신화를 있는 그대로 믿을 순 없지. 하늘의 신이 땅으로 내려왔다느니, 곰이 사람이 되었다느니, 도무지 사실 같지 않은 내용들이 많으니까. 하지만 얘들아, 알고 보면 그 내용들은 모두 역사적 사실과 연결되어 있어. 아주 터무니없는 거짓말은 아니란 뜻이야. 그럼 이제부터 단군 신화에 숨어 있는 역사적인 사실들을 찾아볼까? 어디, 제일 궁금한 것부터 이야기해 봐. 이 선생님이 신화 속 숨겨진 비밀들을 하나하나 밝혀 주마!"

거짓말 같은 신화 속에 이런 사실들이!

믿을 수 없다는 표정으로 서로 눈치만 보는 아이들 사이에서 나선애가 맨 먼저 손을 들었다.

"단군왕검을 낳은 환웅은 하늘 신의 아들이라면서요. 그것부터가…… 아시죠? 말이 안 되잖아요."

그 말에 장하다가 두 팔을 휘휘 저으며 하늘을 나는 시늉을 했다.

"좋아! 잘 들어 봐. 그 시대에는 사람들이 서로 부족을 이루어 살고 있었어. 그런데 환웅이 하늘에서 내려왔다는 건 무슨 뜻일까? 환웅이 이끄는 부족이 원래부터 고조선이 세워진 땅에 살고 있던 이들이 아니라 다른 곳에서 옮겨 온 무리라는 얘기지. 다른 지역에서 들어와 자리를 잡고 세력을 넓혀야 했던 환웅 부족은 자신들이 뛰어나다는 걸 알리기 위해서 '우리는 평범한 사람들이 아니다. 우리 족장은 신의 아들이다!' 하고 주장했을 거야. 이렇게 자신들을 특별히 선택된 존재라고 믿는 것을 '선민사상'이라고 해. 선민사상은 단군 신화뿐 아니라 다른 신화에서도 곧잘 나타나는 사상이야. 고조선 뒤에 세워진 고구려나 신라의 건국 신화에도 들어 있고, 우리나라가 아닌 다른 나라의 역사 속에서도 쉽게 찾아볼 수 있지."

용선생의 설명을 들은 선애가 "호오" 하며 고개를 끄덕였다.

"그럼 환웅이 인간 세상을 널리 이롭게 하고자 했다는 건 뭐죠?

다른 부족들하고 잘 지내 보려 했다, 그런 뜻인가요?"

"이롭게 했다는 건 새로운 기술을 가르쳤다는 뜻이라고 볼 수 있어. 새로운 기술이 뭘까? 그게 바로 청동기야. 환웅 부족이 아직까지 간석기를 사용하고 있던 다른 부족 사람들에게 우수한 청동기를 만드는 기술을 전해 준 거지."

"그럼 바람, 비, 구름을 다스리는 신하들을 데리고 왔다는 건요? 기왕 신하를 데려오려면 잘생기거나 똑똑한 신하를 데리고 올 것이지 왜 그런 신하들을 데려왔대요?"

허영심도 흥미가 당기는지 살짝 손을 들며 물었다.

"영심아, 바람과 비, 구름은 날씨와 관련된 것들이지? 그럼 날씨에 제일 큰 영향을 받는 일이 무얼까? 옛날 사람들한테 아주 중요한 일 중에서 말이야."

영심이 선뜻 대답하지 못하고 있는데, 나선애가 먼저 책상을 통, 두드리며 대답했다.

"농사요! 햇볕이 적당하게 내리쬐고 비가 적당히 내려야 농사가 잘되잖아요."

"맞았어. 그러니까 환웅이 하늘에서 바람, 비, 구름을 다스리는 신하들을 데리고 왔다는 얘기는, 농사가 잘되어 모두가 배불리 먹을 수 있을 만큼 식량이 넉넉해지길 바라는 마음을 담고 있는 거야. 그 당시 사람들에겐 농사만큼 중요한 게 없었다는 걸 잘 알 수 있지."

"선생님! 그럼 곰이 사람으로 변했다는 얘기에도 뜻이 있어요?"

이번엔 장하다가 목을 쑥 빼며 물었다. 그러자 용선생이 기다렸다는 듯 씩 웃으며 말했다.

"그렇지, 그게 제일 거짓말처럼 들리는 부분이지? 그런데 사실 여기서 얘기하는 곰은 진짜 곰이 아니야."

"진짜 곰이 아니라니요?"

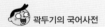

곽두기의 국어사전

수호신
사람들을 보호하고 도와주는 신을 말해.

"그 당시 사람들은 독수리나 곰, 호랑이같이 힘이 센 동물이나 아주 커다란 바위, 아름드리 나무 같은 자연물을 자기 부족의 수호신으로 삼아 떠받들었어. 단군 신화에 나오는 곰은, 사실 맹수인 곰이 아니라 곰을 섬기는 부족을 의미하는 거야. 호랑이도 마찬가지로 호랑이를 섬기는 부족을 뜻하는 거고. 하다야, 그렇다면 곰과 호랑이가 환웅을 찾아가 사람이 되게 해 달라고 했다는 건 무얼 의미하는 걸까?"

곰 모양 상다리 받침 평양의 한 무덤에서 발견된 곰 모양의 상다리 받침이야. 옛날 사람들은 곰과 호랑이 같은 강한 동물이나 식물을 숭배했어. 이런 동물이나 식물을 어려운 말로 토템이라고 하는데, 자신이 숭배하는 동물 모양으로 장식품을 만들기도 했어.

"그야 동물보다 사람이 훨씬 낫다는 얘기겠죠!"

장하다가 당연하다는 듯 얼른 대꾸하자, 용선생이 "응? 그런 답이 나올 줄은 몰랐는데" 하며 머리를 긁적였다.

"그건 곰 부족과 호랑이 부족이 환웅 부족처럼 되고 싶어 했다, 또는 환웅 부족과 손을 잡고 서로 한 부족처럼 지내고자 했다는 걸 뜻해. 왜 그랬을까? 바로 환웅 부족이 우수한 기술을 가진 힘센 집단이기 때문이지."

"음…… 듣다 보니 말은 되네요. 그런데 왜 호랑이는 사람이 못 되고 곰만 사람이 된 거죠?"

왕수재의 말에 장하다가 끼어들었다.

"그야, 곰은 시키는 대로 쑥하고 마늘만 먹고 참았는데 호랑이는 약속을 못 지키고 뛰쳐나갔잖아. 하긴 나라도 절대 못 지켰을 거야. 아이스크림이라면 몰라도 쑥과 마늘이라니!"

장하다의 말에 곽두기도 "난 피자!" 하며 장단을 맞추었다. 하지만 왕수재가 "어휴, 지금 그런 얘기가 아니잖아!" 하며 인상을 쓰자 두기의 어깨가 쏙 움츠러들었다.

"하다 말에도 일리는 있어. 쑥과 마늘만 먹어야 한다는 것은 고통을

이제부터 환웅 부족과 곰 부족은 하나요! 잘해 봅시다!

오예!

으득!

아까비!

저희 부족을 받아 주셔서 감사합니다!

견디고 환웅 부족의 말을 따라야 한다는 것을 뜻하는 거야. 환웅 부족의 말을 따른 곰 부족은 환웅 부족과 손을 잡게 되었지만, 호랑이 부족은 그렇지 못했던 거지."

"어? 이상하네!"

갑자기 허영심이 외쳤다.

"그러면 단군은 누구예요? 곰이 진짜 곰이 아니라 부족을 뜻하는 거라면 웅녀도 없는 거잖아요? 그럼 단군은 누가 낳았는데요?"

"그래, 이제 막 그 얘길 하려던 참이었어. 곰에서 사람이 된 웅녀는 환웅과 혼인을 하게 되지? 이 부분은 거의 사실과 똑같다고 할 수 있어. 당시 부족과 부족이 손을 잡는 방법으로 널리 쓰인 것이 바로 결혼이었거든. 한 부족의 족장이 다른 부족 출신의 여자를 아내로 맞아, 부족끼리 사돈을 맺는 거야. 그러면 두 부족이 합쳐져 가족이 되니까 자연스럽게 같은 편이 될 거 아냐. 아마도 환웅 부족의 족장이 곰 부족 출신의 여자를 아내로 맞았을 거야. 그리고 그 사이에서 태어난 아이는 자라서 환웅 부족과 곰 부족 전체를 다스리게 되었을 거고. 그 사람이 바로 단군왕검이라는 말씀!"

"와……."

"음, 신기하네."

들을수록 딱 맞아떨어지는 설명에 아이들은 고개를 주억거렸다. 전에 없이 의기양양해진 용선생이 턱을 한껏 치켜들며 말했다.

"또 없어? 얼마든지 물어보라고!"

"선생님! 그런데 단군은 들어 봤는데 단군왕검은 처음 들어요. 같은 말이에요?"

곽두기가 물었다.

"응. 보통은 단군이라고 짧게 부르지만 제대로 된 이름은 '단군'과 '왕검'을 합친 '단군왕검'이야. '단군'은 하늘에 제사를 올리는 제사장을 가리키는 말, '왕검'은 나라를 다스리는 통치자를 뜻하는 말이야. 두 단어를 붙여서 '단군왕검'이라고 불렀다는 건, 그가 제사와 정치를 모두 맡은 사람이었다는 얘기지. 그 시대에는 제사를 지내는 일과 정치는 떼려야 뗄 수 없는 일로 여겨졌어. 하늘에 제사를 올릴 수 있는 사람은 하늘과 대화를 나눌 수 있는 사람이니까, 아주 높고 귀한 사람이란 말이지. 그러니 나라를 다스릴 지도자를 다른 사람으로 정한다는 것은 생각할 수도 없는 일이었던 거야. 이런 사회를 어려운 말로 '제정일치' 사회라고 해. 제사와 정치가 딱 붙어 있다, 이런 말이지."

"그럼 단군왕검은 실제 살아 있었던 지도자라는 얘기네요? 그런데 이건 뭡니까? 1,500년이나 나라를 다스렸다고요? 어떻게 사람

이 1,500년을 살아요? 이건 확실히 거짓말 맞죠?"

왕수재가 아까 자기가 읽은 책을 펼쳐 보이며 따져 물었다. 용선생이 빙그레 웃으며 고개를 끄덕였다.

"그래, 맞다. 어떻게 사람이 1,500년이나 살겠니? '단군왕검'이란 말은 '왕수재'나 '허영심'처럼 한 사람의 이름이 아니야. 단군왕검은 제사와 정치를 도맡아 고조선을 다스리던 통치자들을 부르는 말이라고 보는 게 맞을 거야. 지금으로 치면 대통령 같은 거지. 우리나라는 정부가 만들어진 이래 쭉 대통령이 있었지만, 이 대통령이 어떤 한 사람의 이름을 가리키는 건 아니잖아? 마찬가지로 단군왕검이 1,500년 동안 나라를 다스렸다는 건 그렇게 오랜 세월 동안 여러 명의 단군왕검이 나라를 다스렸다는 걸 말하는 거야."

"우아! 그럼 단군 할아버지가 한 명이 아니었다는 얘기? 지금까지 완전히 속았네, 속았어!"

장하다가 콧김을 내뿜으며 수선을 피웠다.

신화에서 엄청난 힘이 나온다고?

"보통은 역사적 사실은 빼놓고 단군 신화의 내용만을 이야기하지. 그랬으니 너희가 그 뜻을 제대로 알긴 어려웠을 거야. 그런데 어떠냐? 이렇게 알고 보니 신화가 말해 주는 사실들이 참 많지? 이제 고조선이 세워질 때의 상황을 좀 더 잘 알게 된 것 같지 않니?"

아이들은 저마다 고개를 끄덕끄덕했다. 그런데 왕수재만은 여전히 불만스러운 표정이었다.

굳이 빙빙 돌려 얘기할 것까지야~

"참 나, 왜 역사책을 읽으면서 수수께끼를 풀어야 되는 거죠? 처음부터 그냥 환웅 부족의 지도자와 곰 부족 아가씨가 결혼한다고 하면 될 걸, 왜 하늘 신의 아들인 환웅과 곰이었던 웅녀가 결혼한다는 황당한 얘기를 만들어서 듣는 사람 헷갈리게 하냐고요."

"그게 바로 신화의 핵심인걸! 생각해 봐라. 나라를 세운 사람이 보통 사람이라고 하면 좀 시시하잖아? 그랬다간 아무나 새로 나라를 세우고 지도자가 되겠다고 덤비게? 그러니 새로 세운 나라나 지도자에 얽힌 이야기는 최대한 위대하고 신비스럽게 보이도록 했던 거야. 이건 꼭 우리나라 신화에만 해당되는 이야기는 아니야. 역사가 오래된 나라들에서는 이 세상을 창조하거나 나라를 세운 인물에 대한 신화가 전해 내려오는데, 내용은 다르지만 하나같이 상상 속 세계처럼 황당하거든."

"와, 재밌겠다. 그런 얘기 조금만 해 주시면 안 돼요?"

귀가 쫑긋해진 곽두기가 용선생에게 애절한 눈빛을 보냈다.

"그럴까? 그럼 중국 신화를 들려줄게. 중국에는 '반고'라는 신의 이야기가 전해지고 있어. 오래전 하늘과 땅이 붙어 있을 때, 반고가 알에서 태어났단다. 반고는 태어난 뒤 1만 8천 년 동안 쿨쿨 잠만 잤대. 그런데 어느 날부터인가 키가 쑥쑥 자라기 시작했어. 어찌나 크게 자랐던지, 하늘과 땅을 갈라놓을 정도였다는 거야. 반고의 키가 자랄수록 하늘과 땅은 점점 벌어졌고, 결국은 지금처럼 멀리 떨어지게 되었대. 그리고 반고가 쉰 숨은 바람과 구름이 되었고, 목소리는 천둥이 되었대. 또 반고가 죽자 왼쪽 눈은 태양이 되고, 오른쪽 눈은 달이 되고, 또 눈물은 강물이 되었다지. 이렇게 그의 몸이 하늘과 땅의 만물을 만들었다는 이야기야."

이야기를 들은 아이들이 히죽히죽 웃었다. 신이 난 두기가 다시 용선생을 졸랐다.

"선생님, 하나만 더 얘기해 주세요, 네?"

"좋다, 기분이다! 이번엔 일본 신화야. 하늘에 살던 신령이 내려다보니, 세상이 너무 어지럽고 혼란스럽더래. 그래서 두 남매 신 '이자나기'와 '이자나미'를 만들어 냈대. 그중에서 남자 신 '이자나기'가 신령에게서 받은 창을 바다에 넣고 휘저었다

이자나기와 이자나미
일본 신화에 나오는 이자나기와 이자나미의 모습이야. 이자나기가 들고 있는 창이 보이니? 바로 그 창에서 일본 땅이 만들어졌다고 해.

가 꺼내자, 창끝에 묻은 바닷물 몇 방울이 떨어지며 일본 땅이 만들어졌다는 거야. 그리고 이자나기와 이자나미는 결혼을 해서 많은 아이를 낳았는데, 그 아이들이 일본의 여러 작은 섬과 산, 폭포 같은 것들이 되었대.”

“옛날 사람들 상상력, 끝내준다!”

“재밌지? 신화는 이렇게 중요한 역사적 사실들을 담고 있기도 하고, 옛사람들이 세상을 어떻게 바라보았는지 알려 주기도 해. 그런데 얘들아, 신화는 과거를 보여 주기만 하는 게 아냐. 오늘을 움직이는 엄청난 힘을 만들어 내기도 해.”

“오늘을 움직여요? 엄청난 힘?”

장하다가 막 용선생이 한 말을 되뇌며 다른 아이들을 둘러보았다. 하지만 무슨 뜻인지 모르기는 다들 마찬가지였다.

“그게 무슨 힘이냐! 너희들 모두 ‘우리는 단군의 자손’이라는 말 들어 봤을 거야. 그런데

푸릅!

정말 단군이 이렇게 생겼을까?

단군왕검 영정 ‘영정’은 사람 얼굴을 그린 그림으로, 제사나 장례를 치를 때 써. 이 그림은 실제 단군왕검의 모습이 아니라, 관련 자료를 토대로 작가가 상상력을 동원해 그린 거야.

정말 우리가 모두 단군의 자손일까?"

"선생님은 용, 나는 장, 애들은 왕, 허, 곽, 나. 우린 성도 다 다른데요? 어? 그런데 단군 할아버지는 성이 뭐지?"

장하다가 고개를 갸웃거리자 나선애가 피식 웃었다.

"어차피 말이 안 되는 얘긴데 성은 뭐하러 따지니? 단군이랑 같이 살던 사람들이 수도 없이 많았을 텐데, 그 사람들 자손들은 다 어디로 가고 단군의 자손만 남아? 그냥 하는 말이지."

"그래, 우리가 모두 같은 피를 이어받은 단군의 자손이라는 말을 곧이곧대로 믿는 사람은 아마 없을 거야. 단지 우리 민족의 뿌리는 고조선과 단군에 있다, 하는 뜻으로 이해하는 거지. 그런데 말야. '서로 다른 조상에게서 태어났으니 우리는 각자 다른 핏줄이다' 하고 말하는 거랑 '우리는 모두 같은 단군의 자손, 한민족이다' 하는 거랑 좀 다르지 않니?"

"그야, 두 번째일 때 서로 더 가까워지는 느낌이 들죠."

"맞아. 다른 핏줄이라고 하면 서로 남이란 말이 되잖아요. 그런데 같은 단군의 자손이라고 하니 남이 아니란 생각이……. 와, 우린 남이 아니네!"

장하다가 너스레를 떨며 옆자리에 앉은 왕수재의 어깨에 팔을 걸쳤다. 하지만 왕수재는 "글쎄, 그럴까?" 하며 밀쳐 냈다.

"확실히 우리 모두 단군의 자손이라고 할 때 서로 훨씬 가깝게 느껴지고 더 단결이 잘되는 것 같지? 그런데 있잖아. 처음부터 단군이 우리 민족의 첫 조상으로 여겨진 것은 아니었어. 고려 시대 이전까지는 단군이 누군지도 모르는 사람들이 대부분이었거든."

"잉? 단군이 누군지도 몰랐다고요?"

"사실 단군 신화는 평양과 그 근처 지역에서만 전해지던 이야기였대. 그런데 고려가 몽골의 침입을 받아서 큰 어려움을 겪게 되면서 상황이 달라진 거야. 적을 물리치기 위해서 민족의 힘을 하나로 모아야 할 필요가 있었던 거지. 그래서 이때 쓰인 역사책에서 처음으로 단군과 단군이 세운 고조선에 대한 내용이 나오기 시작했어. 그 이후 사람들은 서서히 단군과 고조선을 우리 민족의 뿌리로 생각하게 된 거야. 그러다가 조선 시대가 되면서 단군은 더욱 중요한 의미를 갖게 되었어. 얘들아, 사실 고조선이 세워졌을 때는 나라 이름이 '고조선'이 아니라 '조선'이었다는 거 알고 있니? 아까 수재가 발표했을 때에도 단군왕검이 '조선'을 세웠다고 했었는데."

"네? 그럼 우리나라 역사에 조선이 둘이란 말이에요? 어이구, 이거 뭐가 어떻게 되는 거야!"

머릿속이 복잡해진 장하다가 두 손으로 머리통을 감싸 안았다.

"잘 들어봐, 고조선, 그러니까 원래의 조선은 단군왕검의 후손이 다스리다가 나중에 왕이 위만이라는 사람으로 바뀌었어. 그래서 《삼국유사》를 쓴 일연은 단군왕검이 다스리던 조선을 부를 때 '옛

고(古)’ 자를 붙여서 ‘고조선’이라고 불러 구별했어.”

“그럼 나중에 생긴 조선은요? 어쩌다 조선이 됐죠?”

“어쩌다 조선이 됐냐면, 고려 말에 새로 나라를 세운 사람들은 ‘우리가 세운 나라는 민족의 뿌리를 곧장 이어받은 나라다!’ 하고 강조하고 싶었어. 그래서 아예 나라 이름을 조선과 똑같이 지었지. 그 뒤부터는 고려의 뒤를 이은 조선과 옛날에 있었던 조선을 구별하기 위해 옛날 조선을 아예 고조선이라고 부르게 된 거지.”

“알겠어요. 사람들이 새 나라를 싫어하면 안 되니까, 고려보다 새로 세워진 조선이 우리 민족에게 더 잘 맞는 나라라고 생각하게 하기 위해서 그런 거네요.”

나선애의 똑 부러지는 소리에 용선생이 고개를 끄덕였다.

“그 뒤로 단군은 더욱 널리 알려지게 되었고, 외부의 침입을 받을 때마다 민족의 단결을 이끌어 내는 데 큰 역할을 했지. 그러다 대

강화 참성단 인천 강화군 화도면 마니산에 있어. 단군왕검이 하늘에 제사를 올리기 위해 쌓았다는 전설이 전해지고 있지. 사적.

태백산 천제단 강원도 태백산 정상에 있어. 고조선 사람들이 하늘에 제사를 지내기 위해 만들었다는 전설이 전해지고 있어.

한민국 정부가 세워진 뒤에는 정부가 직접 단군을 우리 민족의 시조, 즉 첫 조상으로 인정하고 역사책에서도 가르치게 되었어. 이렇게 해서 단군은 당당히 우리 역사의 첫 장을 연 인물로 자리를 굳히게 된 거야."

우리가 고조선에 대해 알 수 있는 것들

아까부터 생전 처음 듣는 이야기에 당황한 왕수재는 가지고 있던 역사책을 이리저리 뒤져 보았지만, 그런 내용은 나오지 않았다. 역사책을 탁, 덮은 왕수재가 볼멘소리를 했다.

"그럼 고조선은 어디에 있었는데요?"

"바로 여기!"

용선생은 기다렸다는 듯 칠판 옆으로 성큼성큼 걸어갔다.

용선생은 슬며시 새어 나오는 웃음을 감추며 칠판 옆에 달린 스위치를 눌렀다. 미리 설치해 둔 지도가 천천히 내려오기 시작했다.

"우선 지명부터 알아보자. 여기 한반도 북쪽에 긴 강이 보이지? 이게 '랴오허강'인데 이 강 일대를 랴오닝 지방이라고 해. 압록강과 두만강 위쪽을 '만주'라고 하고. 랴오허강이나 랴오닝, 만주 같은 이름은 역사 공부할 때 자주 나오니까 어디인지 확실히 알아 두는 게 좋

고조선의 문화권

라오허강

두만강

압록강

동해

황해

남해

고조선 문화 범위

비파형 동검

미송리식 토기

탁자식 고인돌

아. 자, 그럼 이게 대체 무슨 지도냐? 고조선의 흔적을 표시한 지도야."

"저게 고조선의 흔적이라는 겁니까?"

왕수재가 팔짱을 낀 채 미심쩍은 목소리로 물었다.

"응! 지난 시간에 기록이 남아 있지 않은 시대의 역사는 뭘 보고 알 수 있다고 했더라?"

"유물과 유적이요!"

나선애가 재빨리 대답했다.

"그렇지! 고조선에 대해서도 유물과 유적을 통해 알 수 있어. 그 유물과 유적이 바로 비파형 동검과 탁자식 고인돌, 미송리식 토기야. 이 세 가지는 청동기 시대에 한반도와 만주 지역에 같은 문화를 가진 사람들이 모여 살았다는 것을 알려 주는 대표적인 유물들이지."

용선생이 비파형 동검과 미송리식 토기의 사진을 꺼내 보여 주었다. 왕수재는 안경을 바짝 당겨 쓰곤 사진을 뚫어져라 쳐다보았다.

"이렇게 넓은 지역에서 같은 문화를 이루고 살았다면, 그건 마을이나 도시가 아니라 국가였겠지?"

"그, 그렇겠죠."

"그 국가가 바로 고조선이었다는 얘기야. 기록도 약간 남아 있긴 하단다. 중국의 옛 역사책에도 고조선에 대한 기록이 약간 남아 있

비파형 동검과 비파 모양이 '비파'라는 악기와 비슷해서, 비파형 동검이라고 불러. 비파형 동검은 랴오닝 지방에서 많이 발견되었기 때문에 랴오닝식 동검이라고도 해.

미송리식 토기 평안북도 의주군의 미송리 동굴에서 발견된 토기라서 미송리식 토기라고 해. 청동기 시대 민무늬 토기 중 하나야. 두 손으로 들고 옮기기 쉽도록 손잡이가 달려 있어.

탁자식 고인돌 강화군 하점면 부근리 고인돌 광장에 있는 고인돌이야. 고인돌은 영어로는 돌멘(dolmen)이라고 해.

어. 이런 기록들로 추측할 수 있는 고조선의 위치와 저 유물들이 발견된 범위가 대략 맞아떨어진단다. 어떠냐, 이 정도면 고조선의 실체가 조금은 더 분명하게 느껴지지 않니?"

"음…… 이제야 좀 감이 오네요."

"사실 고조선의 역사는 워낙 오래전의 일이다 보니, 알 수 있는 게 많지 않아. 하지만 그 머나먼 옛날에 우리 땅에서 나라를 세우고 서로 힘을 합해 살아간 사람들이 있었다는 걸 확인한다는 게 짜

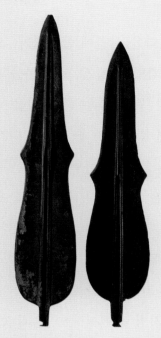

중국형 동검 비교적 길이가
길고 몸통과 칼자루가 하나로
이어져 있어.

비파형 동검 뾰족하고 칼날 중간이
볼록해. 몸통과 자루를 따로 만들어
조립했어. 청동기 시대 유물이야.

세형 동검 역시 몸통과 자루를 따로 만들었는데,
비파형 동검보다 훨씬 가볍고 사용하기 편했어.
한반도에서만 만들어져서 '한국식 동검'이라고도
불러. 청동기 시대 후기부터 사용했어.

릿하지 않니? 게다가 이 고조선이라는 나라는 여러 가지 면에서 굉
장히 발전된 나라였던 게 분명해. 엄한 규칙도 가지고 있었고, 힘
도 아주 세서 다른 나라하고 싸워도 쉽게 지지 않았지."

"오, 그런 것도 알 수 있어요?"

"무슨 규칙이 있었는데요?"

여기저기서 질문이 쏟아져 나오는데, 그때 마침 댕댕 하고 수업
종이 울렸다.

"자세한 이야기는 다음 시간에 들려줄게. 오늘 수업 끝!"

아이들은 하나둘 가방을 챙겨 교실 문을 나섰다. 뒷정리를 끝낸 용선생도 교탁 안에 구겨 넣은 큰 가방을 꺼내 어깨에 둘러멨다. 그때 혼자 남아 있던 곽두기가 슬그머니 다가왔다.

"저기…… 선생님. 그 인형 한번만 보여 주시면 안 돼요?"

곽두기가 큰 가방을 가리켰다. 곽두기의 초롱초롱한 눈망울을 본 용선생은 저도 모르게 와락 끌어안고 말았다.

"아이고, 귀여워! 두기야, 내가 너 때문에 산다!"

"캑캑, 숨 막혀요. 놔 주세요! 으아아!"

용선생은 재빨리 가방 속에서 곰 인형과 호랑이 인형을 꺼냈다.

"두기야, 내가 너희한테 인형극 보여 주려고 어젯밤에 얼마나 연습을 많이 했는지 아니? 선생님 눈 새빨간 거 보이지? 그런데 아무도 보고 싶다고 하지 않고……. 아! 선생님이 지금 얼른 인형극 보여 줄까? 그래, 그러자! 이거 진짜 재밌다?"

그날 곽두기는 용선생의 '단군 신화' 인형극을 늦게까지 관람해야만 했다.

나선애의 정리노트

1. 단군 신화에 담긴 사실은?

신화	사실
환웅은 널리 사람들을 이롭게 하러 하늘에서 내려왔다.	환웅 부족은 청동기 제조 기술을 가지고 다른 곳에서 이동해 왔다.
환웅은 비, 바람, 구름을 다스리는 신하를 데리고 왔다.	당시 사람들은 농사를 매우 중요하게 생각했다.
곰은 사람으로 변해 환웅과 결혼했고 단군왕검을 낳았다.	곰을 섬기는 부족은 환웅 부족과 한 부족이 되었고, 두 부족이 결합한 집단의 새로운 지배자가 단군왕검이었다.

2. 단군왕검은 누구?

단군	왕검
하늘에 제사를 올리는 제사장	나라를 다스리는 통치자

→ 단군왕검은 하늘에 제사를 지내고 백성을 다스리는 왕이라는 뜻이다.
→ 고조선은 왕이 제사와 정치를 모두 맡아서 하는 사회였다.

3. 고조선의 대표적인 유물과 유적

- 비파형 동검: 악기 비파의 모양을 닮아서 비파형 동검이라고 함
- 탁자식 고인돌: 만주와 한반도 북쪽 지역에 많이 분포
- 미송리식 토기: 꼭지가 잘린 표주박 모양을 하고 있으며 손잡이가 있음

용선생의 역사 카페

역사계의 슈퍼스타,
용선생의 역사 카페에
오신 걸 환영합니다

Log in

게시판 ▾

📄 역사가 제일 쉬웠어용!
📄 이제는 더~ 말할 수 있다!
📄 필독! 용선생의 매력 탐구
📄 전교 1등 나선애의 비밀 노트

고조선 사람들이 인터넷을 했다면?

요즘에는 인터넷으로 사람들끼리 정보를 공유하고, 친분도 쌓고, 숙제도 해결하지. 만약 고조선에도 인터넷과 한글이 있었다면, 이런 글들을 쓰지 않았을까?

◆ '고조선 시대' – 교양 있는 고조선 사람들의 아름다운 커뮤니티

3013 [추천 요망] 비파형 동검, 세형 동검 중에서 어떤 게 나을까요? [9]

  3014 ↳ 요즘 비파형 동검 누가 쓰나요. 세형 동검으로 사세요. [6]

3010 [고민] 너무 추워요. 다들 난방은 어떻게 하시나요? [3]

  3011 ↳ 쪽구들이 대세예요! 잠자는 데 돌을 깔고 그 돌 밑에 불을 때우는 방식인데 따뜻하고 연기도 안 나요. [6]

  3012 ↳ 그냥 베옷 여러 겹 껴입으세요. 그럼 견딜 만해요. [1]

3008 [뉴스] 개, 돼지에 이어 소와 말도 가축화 성공! [9]

  3009 ↳ 짐 나를 때 부리면 딱 좋겠네요. ^^ [6]

3006 [고민] 쌀밥 먹고 싶어요. 기장, 수수, 콩, 팥, 조는 이제 질렸어요. [73]

  3007 ↳ 쌀밥은 아무나 먹나요? 쌀밥 먹고 싶으면 부

자 되세요! [0]

3005 [공동 구매] 필수 양념 ★마늘, 소금★ 공동 구매! 댓글로
신청 받아요~ [54]

3003 [교환] 비단 옷을 가죽 신발과 교환하고 싶어요. [2]

　　　3004 ↳ 부러울 따름이네요. [0]

3001 [조선in] 왜 우리 조선인들은 흰옷을 좋아할까요? [73]

　　　3002 ↳ 그러게요. 염색 기술도 있는데 왜 그러는지
이해가 안 돼요. [55]

고조선 사람들은 흰옷을 좋아했나 봐. '흰옷'이라는 주제에
답글이 엄청나게 달렸네. 그리고 이때 소와 말을 길렀다는
사실을 알 수 있어. 나중에 '온돌'로 발전하는 쪽구들도 이
때부터 썼고 말이야. 마늘과 소금으로 양념을 했고, 비단
옷과 가죽 신발 등 비싸고 예쁜 물건을 좋아한 것 역시 지
금과 비슷하지?
선생님이 상상해서 쓴 글이긴 하지만, 이렇게 보니까 고조
선 사람들도 우리와 비슷한 사람들이었다는 것을 조금은 알
게 되지 않니?

COMMENTS

왕수재 : 선생님! 근데 비단이 뭐예요? 비싼 건가요?

↳ 용선생 : 비단은 '누에'라는 벌레가 만든 실로 짠 옷감을 말해. 따뜻하
고 부드러워서 인기가 많았지. 근데 누에에서 실을 얻기가 쉽
지 않기 때문에 황금처럼 귀했어.

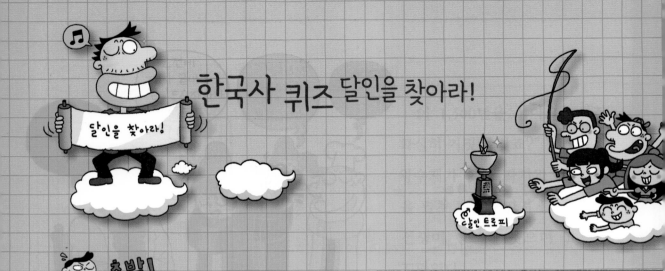

한국사 퀴즈 달인을 찾아라!

출발!

01 ★☆☆☆☆

단군 신화에 나오는 인물들의 가계도를 그려 봤어. 빈칸에 무슨 말이 들어가야 할까?

```
     환인
      |
(①        ) ┬ 웅녀 ↔ 호랑이
           |
        (②              )
```

02 ★★☆☆☆

단군 신화는 승려 일연이 쓴 책에 실려 있다고 했지? 책 이름이 뭐였더라? (   )

① 《삼국사기》   ② 《삼국지》
③ 《삼국사》   ④ 《삼국유사》

03 ★★★★★

다음 자료에 대한 설명으로 옳지 않은 것은 무엇일까? (   )

> …… 곰은 동굴에서 햇빛을 보지 않고 쑥과 마늘을 먹은 끝에 사람이 되었다. 곰이 변해서 여자가 되었기에 '웅녀'라고 했다. …… (생략).

① 이 자료는 고조선의 건국 신화이다.

② 신화 속 환웅은 청동기 제조 기술을 가지고 다른 곳에서 이동해 온 부족을 뜻한다.

③ 나라를 세운 단군왕검은 제사와 정치를 도맡는 역할을 했다.

④ 곰 부족은 호랑이 부족과 힘을 합쳐 새로운 나라를 세웠다.

고조선의 세력 범위를 추측할 수 있게 해 주는 유물들이야. 유물들의 이름이 뭔지 적어 보자!

↑

황당무계한 신화 속에는 역사적 사실이 꼭꼭 숨어 있다고 했지? 신화를 통해 알 수 있는 사실을 올바르게 짝지어 보자!

① 환웅은 비, 바람, 구름을 다스리는 ·
신하를 데리고 왔다.

② 곰은 사람으로 변해 환웅과 결혼 ·
했고, 단군왕검을 낳았다.

③ 환웅은 널리 사람들을 이롭게 하 ·
기 위해 하늘에서 내려왔다.

· ⓐ 환웅 부족은 새로운 기술을 가지
고 다른 곳에서 이동해 왔다.

· ⓑ 당시 사람들에게 농사는 매우 중
요했다.

· ⓒ 곰을 섬기는 부족은 환웅 부족과
하나가 되었고, 단군왕검이 새로
운 지배자가 되었다.

• 정답은 269쪽에서 확인하세요!

떠나 볼까?
용선생 현장 강의

단군왕검이 제사를 지내던 **강화도를 찾다**

인천광역시 강화도는 선사 시대부터 근현대에 이르기까지 수많은 사건의 무대가 되었어. 우리 역사의 축소판이라고 할 수 있는 강화도로 함께 떠나 보자!

강화 참성단

강화도에서 가장 높은 마니산에 올랐어. 야호! 시내가 한눈에 들어와! 참성단은 마니산의 가운데 봉우리 정상에 있어. 이곳에서 단군왕검이 하늘에 제사를 지냈대. 참성단을 살펴보니 아래는 돌을 둥글게 쌓았고, 위에는 네모 모양으로 평평하게 쌓았네. 그 옛날 산 정상에 이렇게 커다란 제단을 만들었다니, 정말 신기했어!

참성단 마니산 정상 해발 472m에 있어. 고려와 조선 시대에도 참성단에서 하늘에 제사를 지냈지. 현재도 해마다 개천절이 되면 이곳에서 단군왕검이 고조선을 세운 것을 기념하는 제사를 지내. 사적.

참성단   강화 역사 박물관   덕진진   보문사

광성보 전투 모습
박물관에는 1871년 강화도에
쳐들어온 미군과 이를
막으려 공격하는 조선군의
모습을 재현해 놓았어.

강화 역사 박물관

강화도의 역사와 문화를 한눈에 볼 수 있는 강화 역사 박물관에 갔어. 선사 시대, 고려, 조선, 근대까지 강화도의 역사와 관련된 다양한 유물을 볼 수 있었지. 강화 역사 박물관 바로 옆으로 자연사 박물관과 고인돌 공원도 있어 모두 둘러보았어.

고인돌 공원 내
탁자식 고인돌

강화 자연사 박물관 강화도 근처에서 발견된 향유고래의 골격이 전시되어 있어.
길이가 14.5m로 어마어마하게 커.

강화 덕진진 남장포대 고려 시대부터 강화도를 지키던 곳이야. 1871년 신미양요 때는 미군의 침입에 맞서 치열한 포격전을 벌인 곳이기

강화 덕진진

 강화도는 예로부터 군사적으로
매우 중요한 곳이었어.
서해에서 한강으로 들어가는 길목이었기
때문이지. 외적의 침입을 막기 위한
부대도 많았어. 우리는 그중 포대
부대였던 덕진진(사적)에 가 보았어.
포대는 대포를 설치해 쏠 수 있게 만든
곳이야. 저기 보이는 바다에서 수많은
외적이 쳐들어왔을 것을 상상하니 나도
모르게 식은땀이 났어.

대포 포대의 작은 구멍을 통해 탄알이 발사돼. 바다의 적에게 보이지
않도록 대포를 감춰서 쏠 수 있게 배치한 거야.

보문사

강화도에서 다리를 건너 석모도에 위치한 보문사에 갔어. 보문사는 신라 선덕여왕 때 지어진 절인데, 관세음보살이 머무는 성스러운 곳이래. 우리는 마애불을 보기 위해 수백 개의 돌계단을 따라 올라갔어. 1928년에 만들어졌다는 불상이 놀랄 만큼 컸어.

보문사 마애석불 좌상 불상 위에 드리워진 바위가 마치 눈썹 같지? 그래서 마애불이 새겨진 바위를 눈썹 바위라고 불러.

마애불로 올라가는 길 마애불을 향해 올라가는 계단에서 몸을 돌려 서해를 바라 봐. 탁 트인 경치에 마음까지 시원해질 거야.

강화도 앞바다는 육지의 물과 바닷물이 섞이는 곳이라 여러 해산물을 맛볼 수 있어. 그중 밴댕이가 유명하다고 해. '밴댕이 소갈딱지'라고 할 때 그 밴댕이야. 크기는 작아도 고소한 맛이 최고였어.

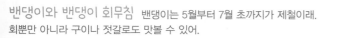

밴댕이와 밴댕이 회무침 밴댕이는 5월부터 7월 초까지가 제철이래. 회뿐만 아니라 구이나 젓갈로도 맛볼 수 있어.

6교시

최초의 나라 고조선, 궁금하다 궁금해!

응? 고조선에 대해 궁금한 게 많은데 알 수 있는 게 많지 않아서 답답하다고?
하지만 아직 실망하긴 일러. 고조선이 세워졌던 무렵부터 중기까지의
역사에 대해선 잘 알 수 없지만, 기원전 2세기 무렵, 그러니까 고조선의 후기
역사에 대해서는 비교적 기록이 많이 남아 있거든. 자, 그럼 고조선이
어떤 나라였는지 자세히 알아보자!

390만 년 전		구석기 시대가 시작되다		신석기 시대가 시작되다		청동기 시대가 시작되다		위만이 고조선의 왕이 되다		주몽이 고구려를 세우다
최초의 인류가 등장하다										
	70만 년 전		BC 8000년경		BC 2000년경		BC 2세기 초		BC 37	

평안북도 위원군의 철기 유

✔ 알고 있는 용어에 체크해 보자!

☐ 범금 8조 ☐ 위만 ☐ 철기

☐ 우거왕 ☐ 한나라

"선생님! 왜 우리한테 개천절 이야기 안 해 주셨어요?"

막 교실에 들어선 용선생에게 허영심이 느닷없이 던진 말이었다.

"응? 갑자기 개천절은 왜?"

"단군이 고조선을 세운 날이 개천절이라면서요! 나라를 세운 날까지 있는데 괜히 고조선이 있네 없네 따지느라 우리 머릿속만 복잡해졌잖아요. 진작 그렇게 알려 주셨으면 될걸."

"흠, 개천절이라……."

용선생은 칠판에 '개천(開天)'이라고 쓴 뒤 곽두기를 바라보았다. 용선생의 기대를 저버리지 않고, 두기가 한자의 뜻을 해석해 냈다.

"하늘을 열다? 그럼 개천절에 하늘을 열었다는 거예요?"

"응, 개천절은 우리 땅에 처음으로 나라가 세워진 것을 기념하는 날이야. 너희가 알다시피 그 나라가 바로 고조선이지. 고조선은 단군왕검의 아버지인 환웅이 하늘에서 내려와 인간 세상을 돌보기로

한 데서 비롯되었으니 '하늘을 열었다'고 표현한 거야. 그런데 영심아, 그 먼 옛날의 일을 몇 월 며칠까지 정확히 알기란 어렵지 않겠니? 고대 역사를 연구하는 학자들 중에는 단군왕검이 고조선을 세운 것이 10월 3일이었다고 하는 사람도 있고, 그보다 앞서 환웅이 태백산에 내려온 것이 10월 3일이었다고 하는 사람도 있어. 또 고조선과 그 뒤를 이어 등장한 여러 나라들이 해마다 하늘에 제사를 올리는 풍습을 지켰다는 점을 들어 개천절이 오래전부터 이어져 내려왔다고 설명하기도 하지. 하지만 그 이상 뚜렷한 근거를 찾기는 쉽지 않아."

"그럼 개천절은 누가 만든 거예요?"

"개천절이라는 말이 처음 생겨난 것은 1909년의 일이야. 단군을 받들어 모시는 민족 종교인 단군교를 만든 나인영(나철)이라는 사람이 음력 10월 3일을 개천절로 정한 거였지. 그 뒤 대한민국 정부가 세워진 후에 이 개천절을 양력 날짜로 바꾸어 공식적으로 인정하게 된 거고."

"치, 뭐야. 어쩐지 좀 이상하더라니……."

영심이 김샌 표정으로 중얼거렸다.

"하지만 중요한 것은 달력에 그려진 날짜가 아니라 그 속에 담긴 의미야. 이 땅에 세워진 첫 나라와 수천 년 동안 이어져 온 우리 민족의 역사에 대해 생각해 볼 수 있다는 점만으로도 개천절은 무척

나선애의 개념 사전

단군교(대종교)
일본이 우리나라를 침략하자, 민족의식을 일깨우기 위해 독립운동가 나인영(1863~1916)이 만든 종교야.

뜻깊은 날이란다. 그러니 잘 기억해 두렴, 알겠지?"

"네! 뜻도 깊고, 노는 날이기도 하고요!"

장하다가 큰 소리로 대답하며 히히 웃었다.

고조선은 어떤 사회였을까?

"오늘은 고조선에 대해 좀 더 자세히 알아보자. 지난 시간에 고조선에는 엄격한 규칙이 있었다고 했지?"

"네! 오늘 그 이야기를 해 주신다고 했죠!"

"네? 그런 얘긴 처음 들어 보는데요."

나선애와 장하다의 서로 다른 대답에 아이들이 키들거렸다.

"끙…… 괜찮아, 하다야. 오늘 열심히 들으면 돼. 그 엄격한 규칙이란 '범금 8조'라는 법이었어. '어겨서는 안 되는 8개의 조항'이라는 뜻이지. 그런데 지금은 8개 중에서 3개 조항만 전해지고 있어. 지금부터 하나씩 말해 줄 테니까, 잘 들어 보고 고조선이 어떤 사회였을지 생각해 봐."

용선생은 잠시 뜸을 들인 뒤 다시 입을 열었다.

"첫째, 사람을 죽인 자는 사형에 처한다."

"사형? 그거, 죽는 거? 그러니까 죽인다는 거 아냐?"

곽두기가 묻자 허영심이 고
개를 끄덕였다.

"다른 사람을 죽이면 자기
도 목숨을 잃게 되니까, 고조
선 사람들은 함부로 사람을
죽이는 일이 별로 없었겠다."

"좋아! 그렇다면 이 조항에
서 우리가 알 수 있는 것은,
고조선에서는 사람의 생명을
매우 소중하게 여겼다는 점이야. 그리고 사람을 함부로 죽이면 인
구도 줄어들고, 일을 할 사람도 모자라게 되니까 그만큼 살인을 엄
하게 금한 거야. 다음으로 넘어가자. 둘째 조항, 남을 다치게 한 자
는 곡식으로 갚는다."

네 앞에 증거가 있다! 할 말 없지? 사형!

저기… 이건 토마토 케첩인데 …

1. 사람을 죽인 자는 사형에 처한다.

"알았어요, 고조선에서는 사람을 다치게
하는 것도 싫어한 거네요?"

"또 있어요! 고조선 사람들은 곡식을
중요하게 생각한 것 같아요."

장하다와 허영심이 앞다투
어 손을 들며 말했다.

어이쿠! 죄송!

툭!

어이쿠, 나 죽네! 쌀 두 가마니!

2. 남을 다치게 한 자는 곡식으로 갚아야 한다.

"오, 맞아. 곡식을 중요하게 생각했다는 건, 고조선 사람들이 농사를 지었다는 걸 뜻할 수도 있겠지? 이제 마지막이다. 셋째, 도둑질을 한 사람은 잡아다 노비로 삼는다. 용서를 받으려면 많은 돈을 내야 한다."

이번엔 용선생의 말이 끝나자마자 왕수재가 다급히 말했다.

"고조선에 도둑이 있었다!"

"그래, 수재 말이 맞긴 한데, 도둑이 있었다는 건 무슨 뜻일까? 사람들이 각자 지킬 만한……."

"아! 각자 자기 재산을 갖고 있었던 거군요. 어려운 말로 하면 사유 재산이 있었다는 거죠."

수재가 어깨를 으쓱거리며 덧붙였다.

"맞았어. 그런데 세 번째 조항을 보고 알 수 있는 사실이 또 하나 있는데, 그게 뭘까?"

"혹시 노비가 있었다는 거 아닌가요?"

곽두기가 조심스럽게 말했다.

"오, 맞았어! 노비가 있었다, 이것은 곧 고조선에 신분 제도가 있었다는 얘기지. 또 돈 얘기가 나오는 걸 보면 그만큼 물건을 많이 만들고 빈번히 사고팔았다는 거니까, 고조선은 아마 상업이 발달

3. 도둑질한 자는 노비로 삼고, 돈으로 대신하려면 50만 전을 내야 한다.

내 마음을 훔쳐간 '도둑'님! 널 내 노비로 삼겠어!

저기, 얼마면 용서를…

네가 평생 벌어도 못 낼 금액이야! 영~원히!

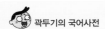
곽두기의 국어사전

신분

신분은 권력이나 재산을 가진 정도에 따라 사람을 나누는 것을 뜻해. 신분은 태어날 때부터 정해졌는데, 신분에 따라 권리와 의무가 달랐어.

200

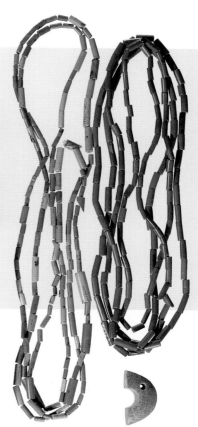

옥 목걸이 신분이 높은 사람이 가지고 있었던 장신구야. 짧은 대롱 모양의 옥
(대롱옥)과 반달 모양의 옥(굽은옥)을 꿰어 만들었어.

한 사회였을 거야. 두기야 잘했어!”

　용선생의 칭찬에 두기의 얼굴이 발그레해졌다.

　“자, 벌써 고조선에 대해 꽤 많은 걸 알게 됐지? 이제
고조선의 역사를 제대로 파헤쳐 보자고!”

대륙에서 온 위만, 고조선의 왕이 되다

　“쑥쑥 성장한 고조선은 기원전 4세기쯤에는 중국의 연나라와 서
로 힘을 겨루며 여러 차례 전쟁을 벌일 정도로 힘이 커졌어. 그러
다 기원전 2세기쯤 고조선은 큰 변화를 겪게 되었는데, 그 변화의
바람은 중국에서 불어왔어. 이 무렵 중국은 아주 혼란스러웠어. 중

국 땅을 최초로 통일한 나라인 진나라가 망한 뒤, 전쟁이 많이 일어나고 있었거든. 당시에 이 난리를 피해 고조선으로 넘어온 사람들이 많았는데, 그중에 위만이라는 사람이 있었어. 위만은 1,000여 명의 무리를 이끌고 고조선의 왕을 찾아와 자신들을 신하로 삼아 달라고 했어."

"아, 그러니까 말하자면 중국에서 이민을 온 거네요."

"그렇지. 당시 고조선의 왕은 준왕이라는 사람이었는데, 준왕이 위만을 척 보니까 지혜롭고 사람들을 잘 이끄는 거야. 그래서 준왕은 위만을 신하로 받아들이고 고조선의 서쪽 국경을 지키도록 했어. 위만은 과연 뛰어난 인물이었어. 국경도 잘 지키고 그곳에 살던 사람들도 잘 다스렸지. 그러자 날이 갈수록 그를 따르는 사람들이 많아지게 되었어. 이렇게 힘이 커지자, 위만은 슬슬 딴생각을 하기 시작했어."

"혹시, 위만이 왕의 자리를 넘본 거예요?"

장하다의 말에 용선생의 눈이 휘둥그레졌다.

"하다가 웬일이야? 이번엔 눈치가 빠르구나. 맞았어! 위만은 스스로 고조선의 왕이 되려는 마음을 품게 되었어. 당시 중국에서는 한나라가 막 세워졌는데, 여러 전쟁에서 이기고 중국을 다시 통일한 이 한나라는 세력이 보통 강한 게 아니었어. 그래서 주변 나라들이 모두 한나라를 두려워하고 있었지. 이 사실을 잘 알고 있던 위만이 꾀를 냈어. 어느 날 한나라 군사들이 국경을 공격해 오자, 준왕에게 엄청나게 많은 한나라 군대가 몰려오고 있다고 부풀려서 알린 거야. 그러고는 자기가 왕이 있는 성을 지킬 테니, 군대를 이끌고 성안으로 들어가게 해 달라고 했어. 준왕은 위만을 믿고 성문을 열어 줬지. 그러자 위만은 당장 군대를 이끌고 성으로 들어와 궁궐을 차지해 버리고는 스스로 왕이 되었어."

믿는 도끼에 발등 찍혔다는 속담의 원조가 나야!

으흑흑! 속수 무책으로 당했어!

"잠깐만요! 그럼 중국 사람이 고조선의 왕이 됐다는 거예요?"

허영심이 이상하다는 듯 고개를 갸웃거리며 물었다.

"그런데 위만을 중국 사람이라고 단정할 수는 없어. 위만이 원래는 고조선 사람이었는데 중국에 가서 살다가 돌아왔다고 설명하는 학자들도 있거든."

"어쨌거나 중국 사람일 수도 있다는 거네요? 고조선 왕이 딴 나라 사람일 수도 있다니! 으, 기분 이상해."

장하다가 고개를 이리저리 돌려 댔다. 하지만 나선애는 오히려 그런 장하다를 이해할 수 없다는 표정이었다.

"그게 뭐 그렇게 중요한 일인가? 중국 땅에서 온 사람이 왕이 됐다고 고조선이 중국으로 변하는 것도 아니잖아. 거기서 넘어온 사람들이 한두 명도 아니었을 테고. 저번에 고조선 지도를 보니까, 지금으로 치면 중국 땅이 대부분이던데, 뭐. 그 옛날 사람들이 지금 우리처럼 분명하게 중국 사람, 한국 사람 따지고 그랬을 것 같진 않아."

"호오…… 내가 하고 싶은 말을 선애가 대신 해 줬구나. 위만이 왕이 되었다고 해서 고조선이 딴 나라가 되어 버린 게 아니라는 것. 아무튼 위만이 왕이 된 뒤에도 고조선은 계속해서 발전해 나갔는데……. 아차! 내가 이럴 때가 아닌데!"

번쩍 정신이 든 용선생은 주섬주섬 짐을 챙기기 시작했다.

"얘들아, 너희도 어서 가방 챙겨라. 얼른 가 볼 데가 있으니."

"네? 지금요?"

"어휴, 수업하다 말고 갑자기 또 어딜 가는데요?"

어리둥절한 아이들이 물었지만, 용선생은 대답 없이 문을 활짝 열고 바삐 손짓을 했다.

뚝딱뚝딱! 쇠검을 만들자

잠시 후 용선생이 아이들을 데리고 도착한 곳은 '철이네 대장간'이라는 간판이 붙어 있는 허름한 건물이었다.

"대장간? 대장간이 뭐하는 데지?"

"대장간은 쇠를 달궈서 무기나 농기구 같은 여러 가지 연장을 만드는 곳이야. 옛날엔 많았는데 요즘은 거의 찾아볼 수가 없게 되었지. 그런데 시내 한복판에 아직도 이런 대장간이 있었다니. 나도 우연히 지나다 발견하곤 깜짝 놀랐지 뭐냐!"

대장간 풍경 대장장이 아저씨가 불에 달궈 시뻘개진 쇠를 망치로 두드려 가며 모양을 만들고 있어.

참고 영상

챙!챙!챙! 쇠검 만들기!

대장간 안은 사우나처럼 후끈후끈했다. 아이들은 그 열기에 너도나도 아우성을 쳤다.

"으아! 뜨거워. 호빵 찌는 찜통 속 같아요."

"아흐! 100도는 되는 것 같아!"

그때 누군가 아이들을 향해 다가왔다.

"어서 와라! 너희가 쇠검을 만들어 달라고 한 아이들이구나? 왜 이렇게 늦었어? 벌써 거의 다 만들었단다. 이쪽이야!"

"쇠검이라고?"

"우아~ 신난다!"

하다와 두기가 부리나케 튀어 나가고, 다른 아이들도 뒤를 따랐다. 온갖 크고 작은 쇳덩이들이 잔뜩 어질러져 있는 좁은 공간을 가로질러 안쪽으로 들어가니 '쩡, 쩌엉' 하는 쇳소리가 요란하게 울려 퍼지고 있었다. 대장장이 아저씨 한 분이 시뻘건 쇠를 놓고 망치질을 하는 중이었다.

"쇠를 불에 달군 뒤에 원하는 모양대로 만들려면 저렇게 망치질을 해야 돼. 지금 만들고 있는 게 너희한테 줄 쇠검이다."

아이들을 안내해 준 아저씨의 설명이었다. 그러자 입을 헤벌리고 섰던 장하다가 손을 번쩍 들고 나섰다.

"저기요! 저도 한 번만 해 보면 안 될까요? 저 힘 엄청 세요!"

"허허, 녀석. 이게 보기처럼 쉬운 일이 아니야."

"저 자신 있어요!"

철기 만드는 방법

야호! 힘 쓰는 건 딱 내 취향이다!

생각보다 힘들어요!

1. 쇠를 녹일 수 있을 정도로 높은 온도를 유지하기 위해 바람을 불어 넣고 있어. 이걸 풀무질이라고 해.

"좋다. 하지만 위험하니까 저기 있는 보호 장구부터 쓰고 와."

"야호! 고맙습니다!"

보호 안경과 안전모를 쓴 장하다가 망치를 힘껏 내리쳤다. '땅!' 하는 소리가 경쾌하게 울리자 아저씨들이 "어이, 잘한다!" 하며 껄껄 웃었다. 하다의 망치질 소리 사이로, 철기 만드는 방법에 대한 용선생의 설명이 이어졌다.

"이렇게 불에 달군 쇠를 망치로 두들겨 도구를 만드는 방법을 '단조(鍛造)'라고 해. 두들기거나 눌러서 만든다는 뜻이야. 그런데 '주조(鑄造)'라는 것도 있어. 틀에 쇳물을 부어서 만드는 것을 가리키는 말이지. 쇠를 불에 녹여 쇳물로 만든 뒤에 거푸집에 부어서 도구를 만들어 내는 거야."

"한 가지 방법으로 만들지, 왜 복잡하게 두 가지 방법을 써요?"

허영심이 손수건을 꺼내 얼굴을 톡톡 두드리며 물었다.

2. 달군 쇠에 망치질을 하는 걸 단조라고 하는데 원하는 모양대로 만들 수 있어.

3. 망치질한 쇠를 찬물에 집어넣는 걸 담금질이라고 하는데 이 과정을 여러 차례 되풀이할수록 쇠는 더욱 단단해져.

"어떤 방법을 쓰느냐에 따라 만드는 철기도 달라지거든. 간단하게 생각해 봐. 그냥 틀에 쇳물을 부어서 곱게 식힌 도구가 더 단단하겠니, 아니면 망치로 땅땅 두들겨서 단련시킨 도구가 더 단단하겠니?"

"두들겨서 만든 게 더 단단할 거 같은데요."

"맞아. 열을 가한 상태에서 망치로 두들기면, 철의 성질이 변화를 일으켜 철로 만든 물건들이 더 단단하고 강해진대. 그래서 옛날부터 틀에 붓는 주조로는 솥이나 도끼처럼 묵직한 도구를 만들고, 두들기는 단조로는 곡괭이 같은 농사 도구나 칼 같은 무기를 만들었어."

이때 대장장이 아저씨가 하다를 불렀다.

"어디 보자, 이제 그만해도 되겠구나."

"으, 실은 저도 더는 못하겠어요."

장하다가 팔을 주무르며 물러서자, 대장장이 아저씨가 집게로 쇠검을 집어 들더니 옆에 있는 찬물에 쑥 집어넣었다. '치이이익' 하는 커다란 소리와 함께 연기가 무럭무럭 피어올랐다.

"이걸 담금질이라고 하는데, 이렇게 불에 달구어 망치질을 하고 담금질을 하는 과정을 거듭할수록 철기가 더욱 단단해진단다."

쇠검 쇠로 만든 검은 청동검과는 비교도 안 될 만큼 단단하고 날카로웠어.

용선생이 이마의 땀을 닦으며 설명했다.

"자, 다 됐다!"

드디어 완성된 쇠검을 본 아이들이 "와아!" 하고 환호성을 올렸다.

"덥지? 안마당에 들어가서 좀 쉬렴. 선생님, 애들 아이스크림이라도 하나씩 먹이세요. 냉장고에 있을 겁니다."

대장장이 아저씨의 말에 아이들은 다시 한번 "우와아!" 하고 소리를 질렀다.

쇠를 단련하는 대장장이
고구려 무덤인 오회분 4호묘에 그려져 있는 대장장이 신이야. 발갛게 달구어진 쇳덩이를 망치로 두드리고 있어.

철기와 함께 불끈불끈 일어선 고조선

용선생과 아이들은 산뜻한 바람이 부는 평상에 앉아 아이스크림을 먹었다. 모두들 어느새 등까지 흠뻑 땀에 젖었지만, 발개진 얼굴로 헤헤 웃었다. 그러다 문득 정신을 차린 나선애가 소리쳤다.

"잠깐! 그런데 지금 우리가 여기서 뭘 하고 있는 거지? 선생님! 아까 위만이 고조선의 왕이 된 이야기까지 하셨잖아요? 근데 왜 갑자기 수업을 하다 말고 대장간에 와서 쇠검을 만든 거예요?"

"아, 그렇지! 아이스크림 먹느라 깜박했구나. 흐흐! 우리가 왜 대장간에 왔는지 궁금하지? 사실은 고조선의 놀라운 발전! 그리고 고조선의 뒤를 이어 여기저기서 생겨난 여러 나라들의 탄생! 그 뒤에 숨어 있는 비밀을 찾으려고 온 거란다."

"그게 뭔데요?"

곽두기가 눈을 동그랗게 뜨고 물었다.

"이거!"

용선생이 쇠검을 가리키며 기세 좋게 외쳤다.

"우리나라에서 철기는 기원전 5세기 무렵부터 사용되기 시작했단다. 그런 철기가 고조선에 널리 퍼진 것은 기원전 2세기 때부터였어. 그 무렵 중국 땅에서는 이미 철기가 널리 사용되고 있었거든. 위만과 그 이후의 왕들은 본격적으로 고조선 곳곳에 철기를 퍼뜨리기 시작했어. 우리나라는 곳곳에 철 자원이 풍부했기 때문에 사람

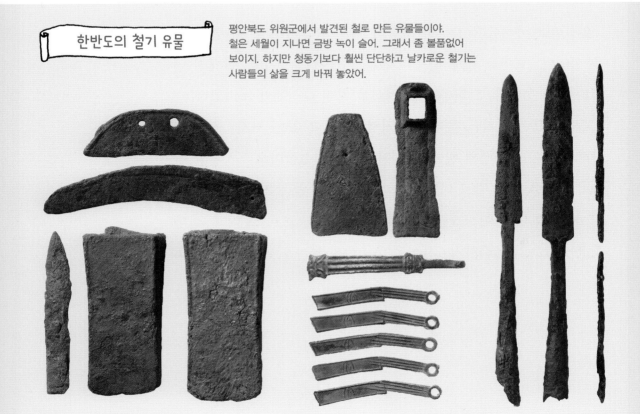

한반도의 철기 유물

평안북도 위원군에서 발견된 철로 만든 유물들이야.
철은 세월이 지나면 금방 녹이 슬어. 그래서 좀 볼품없어
보이지. 하지만 청동기보다 훨씬 단단하고 날카로운 철기는
사람들의 삶을 크게 바꿔 놓았어.

들은 점차 무기와 농기구를 철로 만들기 시작했고, 그 결과 고조선의 철기 문화는 눈부시게 발전했어."

"철기가 뭐가 그렇게 좋은데요?"

"한번 볼래?"

아이들이 고개를 끄덕이자, 용선생은 쇠검을 들고 벌떡 일어나더니 마당 한가운데로 저벅저벅 걸어갔다. 화단에서 큼지막한 돌덩이를 골라 온 용선생은 쇠검을 번쩍 들더니, "얍!" 하는 기합 소리를 내며 돌덩이를 내리쳤다. 아이들이 우르르 몰려가 돌덩이를 살펴보았다.

"와, 돌이 갈라졌다!"

아이들의 감탄에 용선생의 입이 쫙 벌어졌다.

"이제 철기가 얼마나 우수한 도구인지 알겠지? 철기는 석기처럼 잘 깨지지도 않았고 청동기처럼 무르지도 않았어. 아까 본 단조 방

법을 거치면 이렇게 날카롭고 강하게 만들 수도 있었고. 뿐만 아니
라 또 한 가지 장점이 있었는데, 그건 우리 땅에 철이 풍부했다는
거야."

"철이 많이 있다고요?"

"응, 철은 한반도 곳곳에 많이 묻혀 있거든. 이에 비해 청동기의
원료인 구리는 우리나라에서 많이 나지 않아 구하기 어려운 것이
었지. 더 날카롭고 단단한 데다 원료까지 풍부하니, 당연히 청동기
대신 철기를 사용하게 되지 않았겠니?"

아이들은 모두 고개를 크게 끄덕거렸다.

"그럼 고조선은 철기를 가지고 무엇을 했나요?"

"우선 농사짓는 데 사용했지. 쇠로 만든 도끼로 나무를 베어 농사

여러 가지 철제 농기구

철기 문화가 널리 퍼지면서 농기구도 철로 만들기 시작했어. 단단한 철로 땅을 파니
더 깊게 팔 수 있었고, 힘을 적게 들이고도 많은 일을 할 수 있게 되었어.

쇠낫

쇠도끼

쇠괭이

반달 쇠칼

지을 땅을 넓히고, 쇠로 만든 괭이로는 땅을 더 깊이 갈아 곡식이 더 잘 자라도록 했지. 또 곡식을 거둘 때도 쇠낫을 쓰면 일을 더 빨리 끝낼 수 있었고. 이렇게 하여 농사가 잘되니까 먹을 것이 많아져 살기도 좋아지고 인구 수도 늘어났어."

"이런 무기로 싸우면 전쟁에서도 쉽게 이길 것 같아요!"

장하다가 쇠검을 만지작거리며 말했다.

"그렇지! 고조선은 철로 만든 무기로 군대의 힘도 키웠어. 그리고 그 힘을 바탕으로 주변의 작은 나라들을 정복해 땅을 넓혀 갔지. 먹을 것 많아졌겠다, 땅 넓어졌겠다, 힘세고 잘사는 나라가 된 고조선은 이제 커진 나라를 잘 다스리기 위해 왕 밑에 여러 벼슬자리들을 새로 만들었어. 점점 더 복잡하고 규모가 큰 나라가 되어 간거지."

"철기가 정말 큰 변화를 갖고 온 거 맞네요."

아이스크림을 다 먹은 나선애가 중얼거렸다.

쇠창　쇠로 만든 긴 창은 강도나 파괴력이 무척 강했어. 이런 유물은 고조선 시대에 전쟁이 매우 치열했다는 사실을 알려 줘.

 ## 세계 최강 한나라에 맞서다! 그러나 ……

"위만의 손자인 우거왕이 다스리던 때, 고조선은 더욱 강해졌어. 그러자 우거왕은 생각했지. '우리나라도 힘이 이 정도 커졌으니, 더

명도전 '명(明)'이라는 글자가 새겨진 칼
모양의 중국 돈이야. 한반도에서 많이 발견되는
것으로 보아 고조선이 중국과 활발하게
교류했다는 것을 알 수 있어.

왕수재의 지리 사전

흉노
중국 북쪽의 사막과
초원에서 생활하던
민족이야. 진나라
때 이들의 침입을
막기 위해 쌓은 것이
만리장성이야.

이상 한나라의 눈치는 안 봐도 되겠지?' 우거왕은
주변의 작은 나라들이 한나라와 물건을 사고파는
것을 가로막았어. 그러고는 가운데서 물건 거래에
끼어들었어. 예를 들면 이런 식이었어. 고조선이 한
나라의 철기를 들여온 다음 그것을 다시 주변의 작
은 나라에 비싸게 파는 것이었지. 이걸 어려운 말로
중계 무역이라고 해. 이렇게 고조선은 주변 나라들이 한나라와 직
접 거래하지 못하게 하고 중간에 끼어들어 많은 이익을 챙겼어."

"한나라가 기분 나빠하지 않았어요?"

"물론 그랬지. 한나라의 황제 무제는 고조선을 괘씸히 여기면서,
한나라로 장사하러 오는 다른 나라 상인들을 막지 말라고 했어. 하
지만 우거왕은 눈 하나 깜짝 않았지. 오히려 북쪽의 흉노와 손잡고

한나라에 맞서기까지 했어. 그러
자 한나라 무제는 슬슬 불안해졌
지. 고조선이 더 힘을 키워 한나
라를 공격해 오는 게 아닌가 하고
말야. 그래서 한나라 무제는 먼저
고조선을 쳐야겠다고 마음먹었
어. 그런데 말이야, 이게 사실은
보통 큰 문제가 아니었어. 그 당
시의 한나라는 같은 시기에 서양
에서 제일 강한 나라였던 로마 못
지않게 크고 강한 나라였어. 한마
디로 세계 최강이었다는 얘기야."

한나라의 고조선 공격

"그래서요? 한나라가 정말 고조선을 쳤어요?"

용선생의 말에 겁을 먹은 두기가 조마조마한 표정으로 물었다.

"응! 기원전 109년, 한나라의 군사들이 고조선을 향해 몰려왔어.
바다에서는 7천여 명의 군사들이, 육지에서는 무려 5만여 명의 군
사들이 밀어닥쳤지. 어마어마한 전쟁이 벌어진 거야!"

"어마, 어떡해!"

허영심이 저도 모르게 소리쳤다.

"하지만 얘들아! 고조선은 그렇게 호락호락한 나라가 아니었단

다. 한나라의 수군이 바닷길을 통해 들어와 먼저 왕검성에 도착했어. 고조선 군사들은 성문을 꽁꽁 잠그고 있었는데, 가만 보니 한나라 군사들의 숫자가 그리 많지 않은 거야. 그래서 고조선 군사들은 바로 성을 나와 기습 공격을 펼쳐 한나라의 군사들을 물리쳤지. 한나라 군사들은 깜짝 놀라 꽁무니를 빼며 흩어져 도망갔단다.”

아이들이 침을 꼴깍 삼키며 용선생의 다음 말을 기다렸다.

“그럼 육지에서는요?”

“육지에서도 한나라의 수많은 군사들은 고조선을 향해 거침없이 공격해 왔어. 하지만 고조선의 군사들은 패수 서쪽에서 한나라의 군사들을 물리쳤지. 고조선은 엄청난 한나라의 수군과 육군을 상대해서 크게 이긴 거야!”

“우어어!”

장하다가 소리를 지르는 바람에 깜짝 놀란 허영심이 얼른 귀를 막았다. 용선생이 목소리를 낮추며 말을 이었다.

“하지만 전쟁은 한 번으로 끝나지 않았어. 약이 오를 대로 오른 한나라군은 또다시 침략해 왔지. 고조선 사람들은 왕검성의 성문을 굳게 닫고 맞섰어. 1년이 지나도록 긴 싸움이 이어졌어. 시간이 지나자 양쪽 다 조금씩 지쳐 가기 시작했단다. 그러자 한나라 쪽에서 꾀를 냈지. 고조선의 관리들에게 ‘항복하면 높은 벼슬과 재물을 주겠다’며 꼬드긴 거야.”

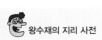

왕수재의 지리 사전

패수
고조선 서쪽에 있는 강인데, 지금의 청천강 혹은 압록강으로 생각돼.

"흥! 정정당당하게 싸워야지, 그게 뭐래요?"

장하다가 콧방귀를 뀌며 투덜거렸다.

"하지만 힘든 전쟁에 지친 왕검성 사람들은 흔들리기 시작했어. 사람들은 '그만 항복하자'는 쪽과 '끝까지 맞서자'는 쪽으로 나뉘었어. 그중에서도 우거왕과 용감한 장수였던 성기 장군은 끝까지 한나라와 싸워 고조선을 지켜야 한다는 뜻을 굽히지 않았지. 그런데…… 전쟁을 그만두자고 주장하던 신하들 쪽에서 몰래 한나라 쪽과 짜고는 우거왕을 죽이고 한나라에 항복해 버리고 말았어."

"네? 왕을 죽여요?"

"앗! 배신자들!"

곽두기와 장하다가 흥분하며 소리쳤다.

"이렇게 해서 고조선의

운명은 완전히 기울었어. 하지만 우거왕이 죽은 뒤에도 왕검성은 쉽게 무너지지 않았어. 성기 장군이 성안 사람들을 모아서 한나라와 끝까지 싸웠거든. 그러자 이번엔 한나라가 우거왕의 아들을 꼬드겼어. 성기 장군을 죽이고 한나라로 넘어오라는 거였지. 결국 우거왕의 아들은 그 꼬임에 넘어가 성기 장군을 죽이고 한나라 군사들에게 성문을 열어 줬어. 이리하여 기원전 108년, 최초의 나라 고조선은 안타까운 최후를 맞았단다."

용선생의 이야기가 끝났지만 아이들은 한동안 아무 말이 없었다. 장하다가 "어흐!" 하며 먼저 입을 열었다.

"힘을 합쳐도 모자랄 판에 그렇게 흔들리면 어떡해? 한나라가 아무리 꼬드겨도 넘어가지 말고 잘 버텼어야 되는 건데!"

"맞아. 끝까지 싸운다고 이길 거란 보장은 없었겠지만……. 어쨌든 같은 편인데 우거왕도 죽이고 성기 장군도 죽인 건 좀 너무해."

허영심도 잔뜩 속이 상한 모양이었다.

"그럼 고조선의 백성들은 어떻게 됐나요?"

"백성들은 줄줄이 묶여 머나먼 중국 땅으로 끌려가기도 했고, 또 일부는 남쪽으로 내려갔단다. 그 뒤 한나라는 고조선 땅을 넷으로 나누고 각각 낙랑, 진번, 임둔, 현도라는 '군'을 두어 다스리려고 했어. 이것들을 한나라의 4개 군이라 해서 '한사군'이라고 불러. 하지만 살아남은 고조선의 백성들은 한사군에 강력하게 저항했어. 결국

진번군, 임둔군은 얼마 지나지 않아 없어지고 현도군은 서쪽으로 멀리 쫓겨났단다. 제일 오래도록 남아 있던 낙랑군도 420년쯤 뒤인 313년에 고구려에게 멸망당했지. 자, 얘들아! 아쉽지만 고조선의 이야기는 이것으로 끝이야."

"아, 은근히 서운하네!"

장하다가 중얼거렸다. 용선생은 위로하듯 말을 이었다.

"너무 서운해 마. 비록 고조선이 멸망하긴 했지만, 역사의 무대에서 완전히

고조선을 4개로 나눠 다스려야겠어

고조선 땅에 세워진 한사군

사라진 건 아니었어. 이게 무슨 말이냐! 만주와 한반도 곳곳에서 고조선의 발전된 철기 문화를 이어받은 새로운 나라들이 일어나게 되었거든. 개성 넘치는 다양한 나라들이 펼치는 흥미진진한 한국사가 이제부터 더욱 본격적으로 시작될 거라, 이런 얘기지. 그러니까 힘들 내고! 자, 오늘은 그만 돌아가자."

아이들은 모두 엉덩이를 털며 자리에서 일어섰다. 그러자 두기가 쇠검을 꼭 쥔 장하다의 소매를 붙들었다.

"형아, 그거 내가 좀 들고 가면 안 될까?"

"뭐? 안 돼. 이거 엄청 무겁단 말이야!"

어느새 왕수재도 슬금슬금 다가와서는 슬쩍 검을 쳐다보았다.

"어디, 나도 한번 줘 봐."

마침내는 용선생까지 앞을 슥 가로막으며 손을 내밀었다.

"이건 위험한 무기니 선생님이 들고 가는 게 낫겠다."

잠시 망설이던 장하다는 쇠검을 떠받들고 냅다 도망치기 시작했다. 허둥지둥 그 뒤를 쫓는 왕수재와 곽두기, 그리고 용선생의 모습을 한심하게 바라보던 허영심이 이해가 안 된다는 듯 말했다.

"무거운 짐 들고 가는 게 뭐가 좋다고들 저럴까?"

"애쓴다, 애써. 쯧쯧. 저 칼, 우린 나중에 차에 타서 편하게 구경하자."

"그래!"

모처럼 마음이 통한 영심과 선애가 씨익 미소를 주고받았다.

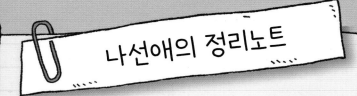

나선애의 정리노트

1. 고조선의 법을 보면, 그 사회가 어떠했는지 알 수 있다!

① 사람의 생명을 중시함

② 농사를 중요하게 생각함

③ 사유 재산이 있었음

④ 신분 제도가 있었음

2. 고조선의 발전과 멸망

기원전 2333년	기원전 2세기 초	기원전 109년	기원전 108년
고조선이 세워지다	위만이 준왕을 몰아내고 왕이 되다	한나라가 고조선을 침략하다	지배층의 분열로 멸망하다
청동기 문화와 함께 발전하다	철기 문화가 널리 보급되다		

3. 청동기와 철기 어떻게 다른가?

청동기	철기
돌보다는 단단하지만 철기보다는 무르다.	단단하고 날카롭게 만들 수 있다.
원료인 구리와 주석을 구하기 힘들다.	원료인 철을 쉽게 구할 수 있다.

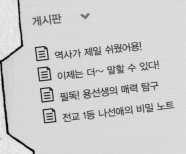

한사군, 이것만 알면 된다

1. 한나라는 고조선 땅을 직접 다스렸나요?

→ 한나라는 고조선 땅을 다스리기 위해 한사군을 설치했지만, 진번군과 임둔군은 30여 년 만에 없어졌어. 현도군도 고구려에 밀려 멀리 쫓겨났지.

마지막까지 남아 있던 낙랑군에는 한나라의 관리들이 있었지만 그 숫자가 적었다고 해. 대신 고조선 사람들이 관리가 되어 다스렸지. 이들은 고조선 땅에서 나오는 특산물을 낙랑군에 바치고, 그 대가로 중국의 물품을 받았어. 그러니까 낙랑군은 고조선의 특산물을 한나라로 가져가는 중간 다리 역할을 한 거야.

2. 낙랑군? 호동 왕자가 사랑한 낙랑 공주랑 관련이 있나요?

→ 고구려의 호동 왕자가 낙랑의 공주와 사랑에 빠진 이야기를 말하는 거구나. 낙랑의 정체에 관해서는 여러 가지 설이 있어.

첫 번째는 낙랑군이 바로 낙랑이란 설이지. 중국에서 한나라가 멸망하고 신(新)나라가 세워지는 동안 매우 혼란스러웠는데, 이때 고구려가 낙랑으로 쳐들어갔다는 거야. 또 다른 설은 낙랑이 한사군의 '낙랑군'이 아니라 옛 고조선 사람이 세운 '낙랑국'이라는 설이야.

이밖에도 낙랑군의 지배를 받은 다른 나라를 낙랑으로 보는 등 다양한 주장이 있어.

3. 여하튼 그럼 낙랑군은 우리 역사에서 별 의미가 없는 거 아닌가요?

→ 낙랑군이 처음 세워졌을 때는 중국에서 온 사람들과 고조선 땅에서 살던 사람들 사이에 차별이 있었어. 그러나 세월이 흐르면서 어울려 살기 시작했고, '낙랑인'이란 새로운 사람들이 등장하기 시작했어.

또한 420여 년 동안 존재했던 낙랑군은 선진 문물을 전해 주는 통로이기도 했어. 이러한 선진 문물은 한반도에 있던 여러 나라들을 자극시키고 더욱 발전시키는 계기가 되었지. 그러니까 낙랑군의 역사를 우리 역사의 일부분으로 볼 수도 있지 않을까?

평양 석암리 금제 띠고리
평양 석암리에서 출토된 낙랑의 유물이야. 금판을 두들겨 용무늬를 만들고, 작은 금 알갱이와 금실, 옥을 붙여 장식했어. 가로 9.4cm, 국립중앙박물관 소장. 국보.

 COMMENTS

곽두기 : 저, 선생님…… 저는 낙랑 공주 이야기를 몰라요…….

　　용선생 : '낙랑'이란 나라의 공주가 고구려의 호동 왕자와 사랑에 빠졌는데, 호동 왕자가 '자명고'란 북을 찢어 달라고 부탁했대. 자명고가 뭐냐면, 적들이 쳐들어오면 저절로 울리는 북을 말해. 낙랑 공주는 사랑하는 호동 왕자를 위해 자명고를 찢었고, 고구려의 공격을 받은 낙랑은 결국 멸망했다고 해.

한국사 퀴즈 달인을 찾아라!

달인을 찾아라!

출발!

달인 트로피

01 ★★☆☆☆

다음은 철기에 대한 설명이야. 맞는 말에는 ○표를, 틀린 말에는 ×표를 쳐 보자.

① 청동기는 철기보다 더 잘 휜다. (   )   ② 우리나라에는 구리가 풍부하다. (   )

③ 우리나라에는 철이 풍부하다. (   )   ④ 철제 농기구 덕분에 생산량이 늘어났다. (   )

02 ★★☆☆☆

고조선에는 '범금 8조'라는 8개의 법이 있었어. 지금은 3개만 남아 있지. 각각의 법과, 그 법을 통해 알 수 있는 사실을 연결해 보자.

① 사람을 죽인 자는 사형에 처한다.   •   • ⓐ 신분 제도가 있었다.

② 남을 다치게 한 자는 곡식으로 갚는다.   •   • ⓑ 농사를 중요하게 생각했다.

③ 도둑질한 사람은 노비로 삼는다.   •   • ⓒ 사람의 목숨을 중시했다.

05 ★★★★☆

자, 이 문제까지 맞히면 진정한 달인으로 인정해 주지. 다음 중, 철기 시대를 대표하는 유물은 무엇일까? (   )

① ② ③ ④

03 ★★★☆☆

고조선 사람들이 자기소개를 하고 있어. 누가 누구인지 맞혀 줄래?

( )

① 에헴, 내 아버지는 하늘에서 내려오신 환웅이시고, 어머니는 곰 부족 출신이시지. 난 '고조선'을 세운 장본인이야!

( )

② 중국 땅을 통일한 진나라가 망한 뒤 엄청 혼란스러웠어. 이때 고조선으로 왔고, 철기 문화를 널리 퍼뜨렸어.

( )

③ 난 중계 무역을 통해 많은 이익을 챙겼어. 이 때문에 고조선이 부강해질 수 있었지.

04 ★★★★★

장하다가 사전에서 '개천절'을 찾아보았어. 밑줄 그은 '이 나라'에 대한 설명으로 옳지 않은 것은 무엇일까? (   )

> **개천절**
> 기원전 2333년, 단군이 <u>이 나라</u>를 세운 것을 기념하는 국경일

① 위만은 준왕을 몰아내고 이 나라의 왕이 되었다.

② 한나라는 이 나라를 무너뜨리고 삼한을 세웠다.

③ 우거왕이 다스릴 때 한나라가 쳐들어왔다.

④ 위만이 왕이 된 이후부터 철기를 적극적으로 사용하기 시작했다.

• 정답은 269쪽에서 확인하세요!

크고 작은 여러 나라가 생겨나다

고조선의 뒤를 이어 우리 땅엔 아주 많은 나라들이 우수수 생겨났어.
넓은 땅을 차지하고 이웃 나라들과 어깨를 나란히 했던 큰 나라도 있었고,
옹기종기 모여 서로 세력의 균형을 이루고 살았던 작은 나라들도 있었지.
이 많은 나라들은 어떻게 생겨나 발전하고, 또 스러져 갔을까?
저마다 어떤 문화를 일구었을까?

390만 년 전
최초의 인류가
등장하다

구석기
시대가
시작되다

신석기
시대가
시작되다

청동기
시대가
시작되다

위만이
고조선의
왕이 되다

주몽이
고구려를
세우다

70만 년 전   BC 8000년경   BC 2000년경   BC 2세기 초   BC 37

알고 있는 용어에 체크해 보자!
- [ ] 부여
- [ ] 고구려
- [ ] 옥저
- [ ] 동예
- [ ] 삼한

아이들이 만든 솟대

오늘 아침, 교장실에 불려 간 용선생은 교장 선생님으로부터 한바탕 잔소리를 들었다.

"용선생님! 어떻게 된 겁니까? 역사반을 잘 이끌어 달라고 그렇게 신신당부를 했는데, 아이들하고 놀러만 다닌다면서요? 보물찾기를 한답시고 학교 뒷산을 헤집어 놓질 않나, 만날 유치원 버스 타고 밖에 나가서 늦게 돌아오질 않나. 저번 주에는 무슨 대장간인지 철물점인지 하는 데 가서 학생한테 망치질까지 시켰다면서요? 이거 원, 이래서야 어떻게 용선생님을 믿고 역사반을 맡기겠어요? 대체 수업을 어떻게 하시는 거예요?"

한참 야단을 치더니, 교장 선생님이 갑자기 측은하다는 듯 용선생을 바라보았다.

용선생님!

"역사반에 든 아이들 수가 방과 후 교실 정원에 한참 모자라다는 점, 용선생님도 잘 알고 있을 겁니다. 이번 주에 아이들이 수업 평가를 하고 나면 방과 후 교실 변경 신청을 받을 거예요. 아이들이 지금보다 더 줄어들면…… 역사반을 더 이상 운영할 수가 없어요. 미안하지만, 학교 방침이라 어쩔 수가 없군요."

생각 끝에 용선생은 "휴우" 하고 깊은 한숨을 내쉬었다.

"왁!"

그때 갑자기 뒤에서 누군가 등을 탁 치는 바람에 용선생은 펄쩍 뛸 만큼 놀랐다.

"놀랐죠, 선생님?"

허영심이었다.

"아이고, 심장이 발바닥까지 내려갔다 왔네. 영심이, 너!"

"선생님답지 않게 웬 분위길 잡고 계세요? 벌써 수업 종 쳤는데 교실에 안 들어가세요?"

"어? 그, 그러냐? 그럼 얼른 들어가야지."

용선생은 고개를 탈탈 흔들며 아침에 있었던 일을 머릿속에서 날려 버렸다.

'그래, 문 닫을 때 닫더라도, 오늘은 즐겁게 역사 수업을 하는 거다! 가자, 용!'

교실에 들어서니, 다른 때보다 더 정겨워 보이는 아이들이 용선생을 기다리고 있었다. 용선생은 우렁찬 목소리로 아이들에게 인사를 했다.

"얘들아, 안녕! 오늘도 너무너무 반갑다!"

철기가 만든 새로운 나라들

"오늘은 새롭게 탄생한 여러 나라들을 살펴볼 거야! 너희들 혹시 고조선의 뒤를 이어 제일 먼저 등장한 나라가 어느 나라인지 아니?"

아이들은 아무 대답도 못하고 눈만 껌벅거렸다.

"충청남도에 그 나라와 이름이 같은 도시가 있는데……."

그제야 아이들의 얼굴에 생기가 돌았다.

"아, 뭐더라?"

"부……, 부…… 부여다!"

왕수재가 제일 먼저 맞혔다.

"맞았어. 많이 들어 본 이름이지? 부여는 고조선이 멸망하기 이전에 세워진 나라야. 고조선 다음으로 제일 먼저 등장한 게 부여이고, 그 뒤를 이어 고구려, 옥저, 동예, 마한, 진한, 변한 등 여러 나라들이 세워졌어. 어디, 이 나라들이 어디에 있었는지 한번 볼까?"

용선생이 칠판 옆 버튼을 누르자 지도가 지잉 하고 내려왔다.

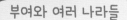

부여

고구려

옥저

동예

마한

진한

변한

"히야! 많네. 그런데 이렇게 많은 나라들이 갑자기 어떻게 생겨난 거래요?"

장하다의 질문에 용선생은 "좋은 질문!" 하며 짧은 휘파람 소리를 냈다.

"그게 다 지난 시간에 네가 직접 만들었던 그것, 바로 철기가 널리 퍼져 나간 덕이야. 기원전 1세기쯤에는 우리 땅 곳곳에 터를 잡고 모여 살던 부족들이 대부분 철기를 사용하게 되었어. 애들아, 철은 주로 농기구와 무기를 만드는 데 사용되었다고 했지? 그럼 여기서 복습 문제 하나! 철로 만든 농기구를 사용하면서 사람들의 생활은 어떻게 바뀌었다고 했나요?"

나선애가 재빨리 손을 들었다.

"땅을 더욱 깊게 갈아 곡식을 많이 거둘 수 있게 되었어요. 또 버려진 땅을 일구어서 농사지을 수 있는 땅도 많아졌고요."

"아이고, 똑똑해라! 누가 이렇게 잘 가르쳤냐, 응? 으허허! 선애 말대로 당시 사람들은 철로 만든 농기구를 사용하면서 훨씬 더 많은 곡식을 생산하게 됐어. 이렇게 식량이 늘어나자 자연히 인구도 많이 늘었지. 먹을 게 충분하니까 여자들이 편안하게 아기를 낳을 수도 있었고, 태어난 아기도 잘 보살필 수 있었던 거지. 그런가 하면 철기는 더 많은 전쟁을 불러일으키기도 했어. 철로 만든 강한 무기를 갖게 된 부족들은 저마다 넓은 땅을 차지해 힘을 키우려 들었거든. 이때 철을 다루는 기술이 뛰어난 부족일수록 더 좋은 무기를 만들어서 주변 부족들을 쉽게 정복하고 큰 세력을 이루었어. 한편, 힘이 엇비슷한 부족끼리는 승부가 나지 않는 싸움을 계속하는 대신 서로 손을 잡아 세력을 두 배, 세 배로 키우기도 했어. 이렇게 해서 힘을 키운 세력들이 자연스럽게 나라로 이어지게 된 거야."

"으음, 그렇다면 한마디로 말해 철이 나라를 만든 거군요."

"하하, 맞다! 철기가 새로운 나라들을 만들어 낸 셈이야. 자, 그럼 이 무렵에 생겨난 나라들을 하나씩 살펴보자. 먼

내가 '철'들고 나라를 새로 만든닷!

앗! 나도 '철'든 걸로 바꿔야지!

철기 천 세트 한정 판매! 100%

철기, 1+1 초특가 행사!

저 고조선의 뒤를 이어 두 번째로 생겨난 나라, 부여!"

 ## 북쪽에 세워진 두 번째 나라, 부여

"너희들, 윷놀이 해 본 적 있지?"

왕수재는 뜬금없이 윷놀이 이야기가 나오자 바짝 긴장했다. 당장이라도 용선생이 주머니에서 윷을 꺼내 한판을 벌일 것 같았기 때문이다. 반면 노는 거라면 빠지지 않는 장하다는 신이 나서 외쳤다.

"으하하하, 윷놀이의 달인 장하다 소문을 못 들어 보셨군요! 제가 던졌다 하면 윷 아니면 모가 나오거든요! 못 믿으시나? 직접 보여 드릴 테니 얼른 시작해요!"

"어이쿠, 지금 윷놀이를 하자는 게 아니야! 부여에 대해 알아보려는 거지. 오래전부터 우리가 즐겨 온 윷놀이가 부여에서부터 유래되었다는 이야기가 있거든. 윷놀이에서 도, 개, 걸, 윷, 모는 각각 돼지, 개, 양, 소, 말을 뜻하잖아. 부여에서는 왕 밑에 '가(加)'라는 벼슬이 있었는데 말이나 소, 돼지, 개 등의 가축 이름을 붙여서 마가, 우가, 저가, 구가라고 했어."

"와! 도, 개, 걸, 윷, 모가 동물을 뜻하는 거였어요? 처음 알았네."

"왜 관리 이름에 하필 동물 이름을 붙였을까?"

"맞아, '돼지 관리'라니 웃기잖아. 큭큭."

아이들은 새로운 이야기가 재미있는지 너도나도 한마디씩 했다.

쑹화강의 발원지 쑹화강의 발원지인 비룡 폭포야. 쑹화강 주변은 원시림이 무성하고 토지가 비옥해서 사람이 살기 좋은 곳이었어. 그래서 한때 부여의 인구는 8만 가구에 이르기도 했지.

"여기 지도를 봐. 부여 옆에 강이 하나 있지? 이 강이 쑹화강이야. 쑹화강 근처의 넓은 평원에 자리했던 부여에서는 농사뿐 아니라 목축도 상당히 발달해 있었어. 풀이 잘 자라는 지역이라서 가축을 그냥 들판에 풀어 놓아도 잘 자랐지. 그 가축들이 주로 말, 소, 돼지, 개 등이었던 거야. 이 지역에 살던

여러 부족들은 주로 많이 기르는 가축의 이름을 따서 각각 마가, 우가, 저가, 구가라고 불렸어. 그 이름이 나중에 그들이 힘을 합쳐 나라를 세운 뒤에도 관직 이름으로 남게 된 거지."

"그럼 그 동물 이름 관리들은 무슨 일을 했어요?"

허영심이 물었다.

"부여는 다섯 개의 지역으로 나뉘어 있었어. 중앙의 수도는 왕이

다스리고, 나머지 네 개의 지역은 네 부족 출신의 관리인 '가'들이 하나씩 맡아서 다스렸지."

"돼지 관리님이 나라를 다스렸다고요?"

곽두기가 돼지코를 만들어 보이며 키득키득 웃었다.

"어허! 돼지 관리라고 무시하면 안 돼. '가'의 힘은 막강했단다. 자신이 다스리는 지역에서는 왕에 버금가는 힘을 가졌지. '가'들은 왕을 뽑기도 했지만, 왕이 정치를 잘 하지 못한다고 생각하면 쫓아내기도 했어. 홍수가 나거나 가뭄이 들어 농사가 잘되지 않을 때는 왕의 덕이 모자란 탓이라며 왕을 죽이기까지 했대."

키득대던 곽두기가 "힉!" 하고 놀라며 입을 막았다.

"가뭄이 든 걸 가지고 왜 왕을……? 왕이 불쌍하다."

허영심이 이마를 찌푸리며 중얼거렸다.

"왕의 힘이 별로 강하지 않았나 봐요."

"맞아, 선애야. 부여의 왕은 모든 부족을 다스릴 만큼 큰 힘을 갖고 있지 못했어. 아직은 부족끼리 뭉쳐 살던 전통이 많이 남아 있었기 때문에 지역마다 자기들끼리 뭉쳐서 자기 부족의 지도자를 더 섬겼지."

아이들이 고개를 끄덕거렸다.

"이번에는 부여 사람들이 어떻게 살았는지 알아볼까? 지난번에 고조선의 사회 모습을 알기 위해 무엇을 살펴봤더라? 기억나니?"

"당연히 기억합니다! 바로 고조선의 법이었죠."

왕수재가 우쭐해하며 얼른 대답했다.

"그래, 범금 8조를 보고 고조선이 어떤 사회였는지 알 수 있었지? 부여에도 법이 있었대. 그중 남아 있는 것들을 통해 당시 사회를 짐작해 볼 수 있지. 먼저 이런 내용이 있어. '사람을 죽인 자는 사형에 처하고 그 가족은 노비로 삼는다.'"

"어어? 죄를 지은 사람만 벌주는 게 아니라 가족들까지요? 가족들이 무슨 죄가 있다고요?"

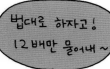

"그러게 말이야. 고조선에서는 죄인만 벌을 받았는데. 고조선보다 더 엄격한 것 같지? '노비로 삼는다'는 내용을 보면 부여에도 고조선처럼 노비가 있었다는 것을 알 수 있어. 또 이런 법도 있었대. '남의 물건을 훔친 자는 물건 값의 12배를 물어내야 한다.'"

"앗! 12배씩이나……? 그럼 연필 1자루를 훔쳤다가는 12자루를 물어 줘야 했겠네요. 부여에서 도둑질하다 잡히면 큰일 나겠어요."

장하다의 입이 떡 벌어졌다.

"그만큼 부여에서는 개인의 재산을 매우 소중하게 여겼다는 얘기지. 또 부여 하면 빼놓을 수 없는 게 있어. '순장'이라는 풍습이야."

"순장이요? 고추장, 된장이랑 비슷한 건가요?"

곽두기가 눈을 깜빡이며 묻자 아이들이 키득거렸다.

"이크! 그건 먹는 게 아니야. '순장'에서 '순(殉)'이란 '따라 죽는다'는 뜻이야. '장(葬)'은 '죽은 사람을 장사 지낸다'는 뜻이고. 그러니까 글자 그대로 해석하면 '죽은 사람을 장사 지낼 때 따라 죽는다'는 말인데, 신분이 높은 사람이 죽으면 그를 모시던 사람들을 무덤에 같이 묻는 걸 말해. 부여에서는 100명이 넘는 사람들이 왕과 함께 묻힌 경우도 있었대."

"으아악!"

아이들이 비명을 질렀다.

"지금 우리가 보기에는 너무나 끔찍한 풍습이지? 그런데 그 당시 사람들은 죽은 뒤에도 살아 있을 때와 똑같은 삶을 산다고 믿었어. 그래서 높은 사람이 죽으면 그 사람의 시중을 들어줄 사람들을 함께 묻은 거지. 순장은 부여에만 있었던 게 아니라 고대 이집트나 중국 등에서도 많이 행해졌던 풍습이야. 옛날 사람들은 어디에서나 비슷한 생각을 하고 있었던 모양이야. 또 왕이 쓰던 물건이나 귀중품들도 무덤에 함께 묻었는

금귀걸이 부여 왕과 왕비의 무덤에서 발견된 껴묻거리야. 부여 사람들은 금 장신구를 중국에 수출할 정도로 금을 다루는 솜씨가 뛰어났대.

데 이 물건들을 '껴묻거리'라고 해. 부여에는 황금이 아주 많았대. 그래서 껴묻거리도 무척 화려했단다. 그럼 무덤에서 발견된 부여 왕과 왕비의 귀걸이를 한번 볼까?"

용선생이 번쩍거리는 귀걸이 사진을 꺼내 들자 잔뜩 얼어붙었던 아이들의 표정이 누그러졌다. 특히 허영심은 입이 함박만 하게 벌어졌다.

"어머, 내 스타일이잖아! 이런 금이 많았다니 부여는 부자 나라였겠네요?"

"맞아! 꼭 금이 많아서만은 아니겠지만 부여는 정말 부자 나라였던 것 같아. 중국 역사책에는 부여에 대해 이렇게 쓴 구절이 있어. '매우 부유하고 선조 이래 남의 나라에 패해 본 일이 없었다.' 이 내용을 보면 부여가 군사력이 강한 나라였다는 점도 알 수 있지. 부여는 당시 한반도와 만주 일대에서 제일 힘이 센 나라였어. 주변 나라들을 죄다 얕잡아 보던 중국도 부여는 함부로 대하지 못했거든. 600여 년에 달하는 긴 역사가 이어지는 동안 부여는 중국의 여러 왕조와 교류를 나누며 가깝게 지냈어."

"와, 고조선만 대단했던 게 아니네요. 부여도 멋지다!"

"그런데 그렇게 강했던 부여가 3세기경부터는 시련을 겪기 시작해. 북쪽에 있는 여러 나라들이 공격해 오는가 하면, 남쪽에서는 고구려가 무서운 기세로 성장하며 부여에 도전장을 내밀었거든. 5세기에 이르러 부여는 결국 고구려의 지배를 받는 신세가 되고 말았지. 494년에는 부여의 왕이 고구려에 항복하면서 부여는 완전히 사라지게 됐어."

"이제 돼지 관리님은 안녕이네요."

두기가 손바닥을 살짝 흔들어 보이며 말했다.

"하지만 부여는 후대에 아주 큰 영향을 미쳤어. 부여에서 내려온 사람들이 고구려를 세웠고, 그보다 나중에 세워진 백제도 부여를 자신들의 뿌리라고 여겼거든. 그럼 이제 고구려를 한번 살펴볼까?"

 ## 고구려엔 들판보다 산이 많아

"고구려는 부여 출신의 주몽이 세운 나라야. 단군 신화처럼 주몽과 고구려에 대해서도 건국 신화가 전해져. 그런데 고구려는 이 무렵 세워졌던 다른 나라들과 달리 긴 세월 동안 이어지면서 우리 역사에서 큰 줄기를 차지한 나라야!"

"알아요! 고구려, 백제, 신라. 삼국 시대!"

"그래, 고구려에 대해서는 나중에 백제, 신라랑 같이 공부할 거야. 주몽의 건국 신화도 그때 들려주마. 오늘은 초기의 고구려 모습에 대해서만 간단히 알아보는 거야. 자, 다시 지도를 보자."

아이들의 눈이 동시에 지도로 향했다.

"고구려의 역사는 기원전 37년에 압록강의 작은 줄기인 혼강 주변의 졸본이란 곳에서 시작되었어. 그런데 이 졸본에는 산이 많았지. 산이 많으니 농사지을 땅이 부족하고, 사람들이 아무리 열심히 일해도 식량이 모자랐어. 그래서 고구려 사람들은 농사지을 땅을 얻기 위해 주변의 다른 나라들을 정복해 나갔어."

"아, 그래서 고구려 사람들이 말타기랑 활쏘기를 잘했군요?"

나선애의 말에 장하다도 맞장구를 쳤다.

오녀산성 고구려의 유물 2천여 점이 출토된 곳으로, 고구려의 첫 수도인 졸본으로 추정되고 있어. 중국 랴오닝성 환런현 오녀산에 있는데, 산 정상 부분에는 둘레가 2km에 이르는 넓은 평지가 있고, 중국 사람들이 '천지'라 부르는 큰 연못이 있어.

"맞아, 고구려 사람들이 제일 씩씩했댔어! 난 그래서 고구려가 최고로 좋더라."

"응. 고구려 군사들은 아주 강했다고 전해지지. 게다가 혼강 근처 지역은 대륙으로부터 철기 문화가 전해지는 중요한 통로였어. 덕분에 고구려는 한반도의 다른 지역에 비해 앞선 철기 문화를 만들어 낼 수 있었어. 그만큼 발전 속도도 빨랐지."

수렵도 고구려의 대표적인 무덤인 무용총에서 발견된 벽화야. 자세히 살펴보면 말을 탄 채 몸을 완전히 뒤로 돌려 활을 쏘고 있는 사람을 볼 수 있어. 이 그림을 통해 고구려 사람들이 말타기와 활쏘기에 매우 능했다는 것을 알 수 있어.

"고구려는 출발부터 남달랐단 거군요."

수재가 고개를 까닥거리며 말했다.

"응, 그렇지만 초기의 고구려는 너희가 드라마나 영화 속에서 본 모습하고는 꽤 달랐다는 점도 알아 두렴. 고구려도 부여와 마찬가지로 다섯 부족이 뭉쳐진 나라였어. 왕인 주몽이 속한 부족이 가장 힘이 셌지만 나머지 부족들도 저마다의 세력을 이루고 있었지. 각 부족은 부족장들이 맡아서 다스렸고, 왕은 부족장들의 대표나 다름

곽두기의 국어사전

제가 회의(諸加會議)
'모든[諸] 부족
대표[加]들이 참가한
회의란 뜻이야.
부족의 대표들은
'대가'라고 불렸는데,
왕처럼 자기 밑에
관리를 두고 수천
가구를 다스렸다고
해.

없는 역할을 했어. 부족장들은 나라에서 왕 다음 가는 높은 귀족으로서 '제가 회의'라는 귀족 회의에 참여했어. 제가 회의에서는 무거운 죄인을 벌주는 일부터 다른 나라와 전쟁을 벌이는 일, 다음 왕을 뽑는 일까지 나라의 온갖 중요한 일들이 결정되었지."

"부여도 그렇고, 고구려도 그렇고 여러 부족이 힘을 합쳐 세운 나라는 왕의 힘이 약할 수밖에 없는 거네요."

나선애가 자못 심각하게 말했다.

"그렇지! 이 무렵 세워진 나라들은 모두 마찬가지였다고 생각하면 돼. 부족 중심이었던 고구려가 어떻게 왕을 중심으로 똘똘 뭉치게 되고 이웃 나라들을 호령하는 강대국으로 발전했는지는 다음 시간부터 알아보자꾸나. 마지막으로 고구려의 재밌는 결혼 풍습을 얘기해 줄까?"

"와, 좋아요!"

이번엔 허영심이 제일 크게 대답했다.

"고구려에서는 결혼을 하면 신랑이 신부 집에 작은 집을 짓고 살았단다. 그러다가 아이를 낳고 그 아이가 다 커서 어른이 되면 신랑 집으로 가서 살았대. 이런 풍습을 신부 집에 사위집을 만들고 살았다고 해서 '서옥제'라고 불러."

"어머, 그거 괜찮다!"

영심이 고개를 크게 끄덕였다.

"어? 옛날엔 여자들이 다 남편 집에 가서 살았던 거 아니에요?"

장하다의 말에 용선생이 가볍게 고개를 저었다.

"아니야. 시기마다, 나라마다 조금씩 달랐어. 그런 걸 여자가 시집에 들어가 산다고 '시집살이'라고 하는데, 시집살이가 당연한 풍습이 된 건 훨씬 더 훗날인 조선 시대의 일이었어. 자, 고구려 이야기는 일단 여기까지. 이제 옥저와 동예 이야기를 들려줄게."

 넓고 넓은 바닷가에 옥저와 동예

용선생은 다시 지도를 가리켰다.

"옥저와 동예는 여기 동해안 근처에 있었어. 옥저는 지금의 함경도에, 동예는 강원도 북부에 자리 잡고 있었지."

"우아, 좋겠다! 바닷가 근처니까 수영도 맘껏 하고 생선도 실컷먹었겠네요."

장하다가 황홀한 목소리로 외쳤다.

"하하! 그래, 바다 근처라 해산물이 많이 났어. 더구나 땅도 기름져서 농사도 잘되었지. 하지만 그 대신 옥저와 동예는 높은 산이가로막아 바깥으로부터의 출입이 어려웠기 때문에, 새로운 기술이

나 문화가 전해지는 데 시간이 많이 걸렸어. 게다가 점점 힘을 키워 가던 고구려가 옆에 떡 버티고 있으니 크게 성장하지도 못했고. 이렇게 힘이 없던 옥저와 동예는 자기 나라에서 나는 특산물을 고구려에 바쳐야만 했단다. 옥저는 어물이나 소금 등을 바쳤고, 동예는 단궁·과하마·반어피 등을 바쳤지. 단궁은 동예 사람들이 만든 활이고 과하마는 작은 조랑말, 반어피는 바다표범 가죽을 가리키는 말이야."

"으음, 옥저나 동예도 부족끼리 뭉쳐서 왕의 힘이 약할 수밖에 없었던 거군요."

장하다가 나선애의 말투를 흉내 내며 말했다.

"하다야, 추측은 훌륭하다만, 안타깝게도 틀렸다. 옥저와 동예에는 왕이라고 할 만한 사람이 없었거든. 왕 대신 군장들이 각자 자기 부족들을 다스렸지. 군장이란 작고 덜 발달된 사회를 다스리는 사람을 말해. 아직 왕도 없었으니 힘이 센 고구려의 지배를 받으며 특산물을 바쳐야 했던 거야. 그래서인지 말이나 풍습도 고구려와 비슷했대. 아! 그런데 이상하게도 옥저의 결혼 풍습은 고구려의 서옥제와는 정반대였어."

"옥저는 결혼 풍습이 어땠는데요?"

"고구려에서는 결혼할 때 신부 집에 작은 집을 짓고 신랑과 신부가 그곳에서 살았던 것 기억하니? 하지만 옥저의 결혼 풍속은 그와

반대였어. 옥저에서는 여자의 나이가 10살
이 되면 결혼을 약속하고 신부가 신랑의 집
에 가서 살았어. 그리고 신부가 어른이 되면
다시 자기 집으로 돌아가는데, 신랑은 신부
집에 돈을 낸 후에야 다시 신부를 데려올
수 있었지. 이런 풍습을 '민며느리제'라
고 불러. '민며느리'란 '며느리를 삼
으려고 미리 데려다가 기르는 여자
아이'라는 뜻이지! 어때, 재밌지?"

"어머머, 열 살에 벌써 약혼을? 너무 빠른 거 아닌
가요?"

허영심이 저 혼자 붉어진 볼을 두 손으로 감싸며 장하다를 슬쩍
바라보았다.

"그리고 옥저에는 가족 공동 묘라는 게 있었는데⋯⋯."

용선생의 말이 끝나기도 전에 곽두기가 몸서리를 치며 말했다.

"으으, 설마 그거 부여에서 했다는 '순장'처럼 가족 중 한 명이 죽
으면 다 함께 묻어 버리는 거예요?"

"아이쿠! 다행히도 그런 건 아니란다. 이건 가족이 함께 묻히는
무덤을 말하는 거야. 가족 중에 누군가가 죽으면 일단 시체를 땅에
묻어 두었다가, 나중에 뼈를 추려서 가족 공동 묘에 다 함께 묻는

거지. 가족 공동 묘에는 쌀을 담은 항아리를 매달아 놓기도 했대. 죽은 사람들을 위한 식량인 셈이지. 이걸 보면 옥저 사람들도 죽은 뒤의 세계가 있다고 믿었던 모양이야."

"선생님! 동예 사람들의 결혼 풍습은 어땠어요?"

허영심이 기대에 찬 눈빛으로 물었다.

"어? 어쩌지……? 미안하지만 동예의 결혼 풍습에 대해선 자세히 전해지지 않아. 씨족, 그러니까 조상이 같은 친척끼리는 결혼하지 않았다는 정도만 알려져 있지. 하지만 이건 꼭 동예에서만 지켜지던 풍습은 아니었을 거야. 나라가 생겨나기 이전부터 같은 씨족 안의 사람끼리는 결혼을 하지 않는 전통이 널리 자리 잡았거든."

"친척하고 결혼하지 않는 거야 당연한 거죠."

허영심이 김이 샌다는 듯 중얼거렸다.

"동예 사람들은 산과 강을 중요하게 생각해서, 자기 부족의 산과 강에는 다른 부족 사람들이 들어오지 못하게 했다는구나. 만약에 다른 부족의 땅에 함부로 들어가면 노비와 소, 말로 갚게 했대. 이러한 규칙을 '책화'라고 불렀단다."

"꼭 애들 같네? 우리 땅에 왜 왔니, 왜 왔니, 왜 왔니!"

하다가 노래를 흥얼거리며 킥킥댔다.

"동예 사람들은 아마 무척 조심스러웠던 것 같아. 동예에는 이것 말고도 유독 '금기'가 많았다고 전해져. 나

쁜 일이 생길까 봐 꺼려서 미리 피하고 조심하는 것을 금기라고 하거든. 예를 들면 동예에서는 사람이 병들거나 죽으면 살던 집을 버리고 새 집을 지었대. 실제로 동해안에 남아 있는 동예의 마을 유적에서는 불에 탄 집터가 종종 발견되었지. 자, 이렇게 나름의 전통을 지켜 가던 동예, 그리고 옥저는 고구려의 힘이 더 세지면서 1~2세기 사이에 고구려에 완전히 통합되었어."

 따뜻한 남쪽 지역엔 삼한

"이제 따뜻한 남쪽으로 내려가 볼까? 지난 시간에 고조선이 망하자 고조선 백성들이 여기저기로 흩어졌다고 했지? 특히 중국 한나라의 지배를 받기 싫어했던 이들은 멀리 한반도 남쪽으로 내려갔어. 이 사람들은 고조선의 발전된 철기 문화를 퍼뜨렸고, 그 과정에서 마한과 진한, 변한이 생겨났지. 남쪽 지역의 마한, 진한, 변한을 합쳐서 '삼한'이라고 불러. 이때 '한(韓)'이라는 글자는 오늘날의 '대한민국', '한민족'에 쓰이는 글자와 똑같아."

"네? 그럼 우리나라 사람들의 뿌리가 삼한이라는 뜻이 되는 거 아니에요?"

나선애가 눈을 동그랗게 뜨고 물었다.

삼한의 토기들 토기가 붉은색에서 회색으로 변한 것을
알아챘니? 이전보다 내부 온도가 높고 공기가 차단된
가마에서 구웠기 때문이야. 이렇게 만든 토기는 가볍고
얇으면서도 단단했어.

"좀 더 들어 봐. 그럼 삼한의 '한'은 어디서 나왔느냐! 바로 고조
선의 준왕과 관련된 말이란다. 북쪽에서 온 위만이 고조선의 왕이
되었을 때 기억하니? 위만한테 왕위를 빼앗긴 준왕은 자신을 따르
는 사람들을 이끌고 남쪽으로 내려갔다고 했지. 이때 한반도 남쪽
지방에 자리 잡은 준왕이 스스로 '한왕'이라고 했다는구나."

"아, 그럼 삼한의 뿌리가 고조선에 있다는 뜻이겠네요. 한민족의
뿌리도 고조선이라는 뜻이고."

"선애는 참 정리도 잘하지! 이 삼한이 있던 지역은 나중에 고스란
히 백제, 신라, 가야로 발전하게 돼."

"어쨌든 남쪽 지방에는 세 나라가 있었다 이거죠!"

나선애의 활약에 신경이 쓰인 왕수재가 재빨리 말했다. 하지만

용선생은 고개를 흔들었다.

"정확히 말하면 그건 아니야. 좀 복잡하게 들리겠지만 마한, 진한, 변한은 한 나라가 아니라 여러 개의 작은 나라들을 묶어서 가리키는 말이거든. 마한은 지금의 경기도, 충청도, 전라도 지역에 있던 54개의 작은 나라들을 말해. 진한은 낙동강 동쪽에 있던 12개의 작은 나라들, 변한은 낙동강 서쪽에 있던 12개의 작은 나라들을 말하는 거야. 그리고 그 많은 나라들을 다 묶어서 다시 삼한이라고 부른 거지. 발전이 더뎠던 옥저와 동예처럼, 이 삼한에도 왕이 없었어. 각각 군장들이 자기 나라를 다스렸지."

"와, 그렇담 남쪽에 80개 정도나 되는 나라가 바글바글했던 거네요."

장하다가 혀를 내두르며 말했다.

"그만큼 이 지역이 사람 살기 좋은 곳이라는 얘기겠지? 삼한은 날씨가 따뜻한 데다 땅도 기름져서 농사가 잘됐거든. 그건 예나 지금이나 마찬가지지. 이 지역에선 특히 벼농사를 많이 지었어. 그런데 벼농사를 지으려면 물이 많이 필요해. 그래서 삼한에서는 곳곳에 물을 담아 둘 수 있는 큰 못을 만들었어. 이런 걸 저수지라고 하지. 또 농사를 짓는 데 일손이 많이 필요하다 보니, 동네 사람들끼리 서로서로 농사일을 거드는 풍습도 있었다지. 농기구는 주로 철로 만든 철기를 썼는데, 특히 변한에서는 질 좋은 철이 많이 나서 일본까지 수출을 할 정도였대."

말을 마친 용선생이 교탁 밑에서 기다란 나뭇가지를 꺼내 들었다. 나뭇가지 끝에는 새 모양을 한 소박한 나무 인형이 달려 있었다.

"너희들, 이렇게 생긴 거 본 적 있니?"

"어, 저거 민속촌에서 본 적 있는데!"

"전 박물관에서 봤어요."

"이건 솟대라는 거야. 옛날 사람들이 자신들의 소망을 하늘에 전달하기 위해 높이 세워 두었던 장대지."

솟대 솟대는 길고 곧게 솟아 있는 막대기란 뜻이야.

"그런데 왜 나무 끝에 새를 달아 놓았어요?"

곽두기가 고개를 갸웃거리며 물었다.

"옛날 사람들은 새가 사람과 하늘을 연결해 주는 신령한 동물이라고 여겼거든. 사람들이 두려워하는 하늘을 마음대로 날아다니는 걸 보고 그렇게 생각했겠지?"

"선생님! 근데 삼한 얘기 하다가 갑자기 왜 또 옆길로 새셨죠?"

공책에 삼한 이야기를 받아 적던 왕수재가 미심쩍은 표정으로 투덜거렸다.

"옆길로 새긴! 이 솟대야말로 삼한 하면 빼놓을 수 없는 거라고! 솟대는 삼한의 '소도'라는 곳에 있었다고 해. 소도란 하늘에 제사를

지내는 매우 신성한 지역을 가리키는 말이야. 그래서 신
성한 곳이라는 표시로 긴 장대를 세우고 나무
로 만든 새를 앉혀 놓았는데, 그것이 바로 솟
대란다. 이 소도는 제사를
맡아 하는 제사장이 다
스리는 특별 구역이
어서, 군장이라고
해도 이곳의 일만
큼은 자기 마음대
로 이래라저래라 할
수 없었대. 어느 정도였
냐면, 죄를 지은 사람이 소도 안으
로 도망치면 함부로 들어가서 잡아들일 수 없
었다는 거야."

준비물을 살 돈으로 아이돌 그룹의 CD를 사 버린 영심이는 '아,
지금도 소도가 있으면 얼마나 좋을까' 하고 생각했다.

"잠깐! 선생님, 제가 중요한 사실을 발견했습니다. 고조선에선
정치를 맡은 지도자가 제사도 같이 지냈다고 했잖아요. 그런데 삼
한은 달랐군요!"

수재가 눈빛을 번뜩이며 말했다. 그러곤 내심 불안한 듯 침을 꼴

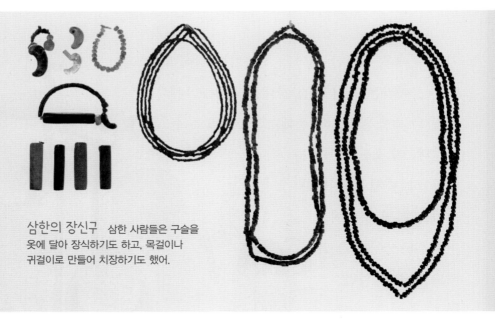

삼한의 장신구   삼한 사람들은 구슬을 옷에 달아 장식하기도 하고, 목걸이나 귀걸이로 만들어 치장하기도 했어.

깍 삼켰다. 다행히 용선생은 손뼉을 쳐 주었다.

"오, 수재가 제대로 한 건 했구나! 맞아. 삼한은 다른 지역과 달리 정치를 맡은 사람과 제사를 지낸 사람이 달랐어. 좀 어려운 말로 하면 삼한은 정치와 종교가 분리된 사회였다, 이거지."

왕수재는 그제야 마음이 놓이는지 어깨를 쫙 폈다.

 하늘이시여, 우리 소원을 들어주세요

"지금까지 고조선 이후에 철기 문화를 바탕으로 일어났던 나라들에 대해 살펴봤어. 나라마다 모습이 조금씩 다르지? 그런데 공통점도 있어. 어떤 나라든, 온 나라 사람들이 모여서 하늘에 제사를 지냈다는 거야. 이런 것을 제천 행사(祭天行事)라고 해."

"왜 하늘에 제사를 지냈어요?"

"그러게, 왜 그랬을까? 당시 사람들이 먹고사는 데 가장 중요한 수단이 무엇이었을지 생각해 보면 답이 나오지."

"그야, 당연히 농사겠죠!"

나선애가 냉큼 대답했다.

"맞아. 농사가 잘되려면 날씨만큼 중요한 게 없겠지? 그래서 씨를 뿌린 뒤에는 농사가 잘되게 해 달라고 하늘에 빌고, 곡식을 거둔 뒤에는 하늘에 감사를 드리는 행사를 한 거야. 또 그런 제천 행사는 백성들의 마음을 한데 모으는 자리가 되기도 했어. 제사를 지내고 나서는 온 나라 백성들이 한바탕 춤추고 노래 부르는 잔치를 벌였거든."

"우리도 운동회 하고 나면 같은 반 아이들끼리 더 친해지는데."

장하다가 말했다.

"비슷한 경우지. 제천 행사는 나라마다 조금씩 달랐어. 부여는 음력 12월에 제천 행사를 했는데, '영고'라고 불렀어. 영고(迎鼓)는 '북을 울리면서 신을 맞이한다'는 뜻이야."

"왜 하필 추운 겨울에 제사를 지냈을까요?"

"부여에서는 곡식을 다 거두고 농사일을 쉬는 12월이 본격적인

사냥철이었대. 그래서 제천 행사에 사냥이 잘 되길 기원하는 마음도 담았던 거지. 고구려는 음력 10월에 '동맹'이라는 제천 행사를 지냈는데, 동맹은 고구려의 시조인 주몽을 모시는 제사이기도 했어. 동예는 음력 10월에 '무천'이라는 제천 행사를 지냈어. 무천(舞天)은 '하늘을 향해 춤춘다'는 뜻이야. 그리고 삼한은 농사가 잘되는 지역답게 제사를 1년에 2번씩이나 지냈어. 씨 뿌리기가 끝난 뒤인 5월과 곡식을 추수한 뒤인 10월에 하늘에 제사를 지냈단다."

"하늘에서 내려다보면 제사 지내는 사람들의 춤추는 모습이 보였겠네요."

영심은 옛날 사람들이
하늘에 기도를 올린 뒤
흥겹게 춤추는 모습
을 상상해 보았다.

"자 어떠니, 오늘 배운 여러 나
라들은 큰 나라는 아니었어. 하지만 이 나라들
은 고조선 시대와 삼국 시대를 연결하면서 삼국과 가야가
성장하고 발전하는데 밑거름이 된단다. 이 나라들의 뒤를 이어
서 앞으론 고구려, 백제, 신라의 삼국 시대가 펼쳐질 거야. 이때부
터는 강한 힘을 가진 왕을 중심으로, 각 나라의 틀이 복잡하게 발
전해 갔단다. 다음 시간엔 각 나라들의 건국 신화부터 이야기해 줄
게. 그럼 애들아, 또 만나자!"

아이들은 부산하게 떠들며 하나둘 교실을 빠져나갔다.

순식간에 교실이 조용해졌다. 그러자 갑자기 용선생의 머릿속에
'과연 다음 시간이 있기는 할까' 하는 생각이 왈칵 밀려들었다. 수
업을 하는 동안 까맣게 잊고 있었던 아침의 일이 다시 떠올라 용선
생의 기분을 우울하게 만들었다. 용선생은 가만히 생각에 잠겼다.

'나도 예전엔 하다처럼 공부가 너무너무 하기 싫었는데…….'

용선생은 혼자 히죽 웃었다. 아이들 얼굴이 하나둘 떠올랐다.

삼한의 악기
2,100여 년 전쯤
삼한에서 사용한,
우리나라에서 가장
오래된 현악기(위쪽)야.
오늘날 가야금(아래쪽)
과 비슷한 소리가 났을
거래. 삼한 사람들은
축제 때 이런 악기들을
연주했을 거야.

'퉁명스럽지만 속으론 역사 수업을 좋아하는 것 같은 수재, 늘 똑 부러지는 대답을 하는 똘똘이 선애, 멋 부리는 일 못지않게 감정도 풍부한 영심이, 엉뚱하지만 매사에 열심인 하다, 사랑스러운 막내 두기……. 흐흐, 귀여운 우리 아이들! 그런데 이 녀석들을 더 이상 못 만나게 된다고 생각하니……. 어흑!'

"큼, 크흠!"

그때 누군가 뒤에서 용선생을 톡톡 건드렸다. 막 눈에 눈물이 맺힐락 말락 하는 용선생은 차마 뒤를 돌아볼 수가 없었다.

"미안하지만 급한 일 아니면 나중에 올래? 지금은 선생님이 혼자 있고 싶다. 고독을 즐긴다고나 할까."

용선생은 울적하게 대꾸하며 손을 휘휘 저었다.

"흠…… 용선생님, 꼭 할 이야기가 있어서 그러는데……. 고독을 즐기느라 엄청나게 바쁜 게 아니라면 잠깐 시간 좀 내주시지요."

이 목소리는? 깜짝 놀란 용선생이 돌아보니, 교장 선생님이 코앞에 서 있었다. 용선생은 벌떡 일어나 차렷 자세를 했다.

교장 선생님은 돋보기안경 너머로 용선생을 지긋이 바라보았다.

"방과 후 교실 평가 결과가 좀 빨리 나왔어요. 음…… 사실 난 역사반 평가를 보고 조금 놀랐습니다."

겁을 잔뜩 집어먹은 용선생은 우물우물 변명을 늘어놓았다.

"아니, 저는…… 열심히 하려고 했고요. 뒷산을 어질러 놓은 건

정말 죄송합니다. 제가 다 고쳐 놓을게요. 대장간에 갔던 건 철기 문화가 얼마나 큰 변화를 가져왔는지 보여 주려고……. 사실 지금까진 어땠을지 몰라도, 이제 막 아이들이 저한테 흠뻑 빠져들기 시작했……. 에휴, 내가 지금 뭐라고 떠드는 거지? 아무튼 저는 이대로 역사반을 포기할 수가……."

"네? 뭐라고 웅얼거리는지 하나도 안 들려요. 어쨌건 아이들 대부분이 역사반이 재미있다고 동그라미를 쳤어요. 역사에 대한 흥미가 생겼다는 아이도 있고, 더 공부하고 싶다는 아이도 있네요."

교장 선생님은 손가락에 침을 묻혀 가며 평가서를 넘겼다. 용선생의 눈이 휘둥그레졌다.

"네? 지금 뭐라고 하셨어요?"

"그래서 역사반을 그만두겠다고 변경 신청을 한 아이가 한 명도 없어요."

용선생은 저도 모르게 교장 선생님을 와락 끌어안고 "살았다!" 하고 외쳤다.

"아이고, 왜 이래요, 용선생님! 이렇게 정신이 없어서야 원! 하지만 어떤 아이는 아직도 하고 싶은 마음 반, 하기 싫은 마음 반이라고 했어요. 또 학부모님들이 계속 걱정하고 있다는 것도 문젭니다. 잊지 마세요. 우리는 모든 아이들이 즐거워하는 수업을 해야 할 책임이 있어요. 내가 쭉 지켜볼 겁니다!"

"네, 알겠습니다. 충성!"

용선생이 경례를 척 붙이자, 교장 선생님은 어이가 없다는 듯 풋하고 웃으며 마지막으로 당부를 했다.

"용선생님, 어쨌든 앞으로도 역사반 잘 부탁해요. 아이들에게 올바른 역사의식을 심어 주는 것은 아주 중요한 일이니까요."

용선생은 할 수 있는 한 가장 큰 소리로 우렁차게 "네!" 하고 대답했다.

나선애의 정리노트

1. 여러 나라의 정치와 사회 풍속 정리!

나라	정치	경제	풍속
부여	왕과 '가'들	농사, 목축 발달	순장
고구려	왕과 '대가'들 (제가 회의)	농사, 전쟁을 통해 빼앗음	서옥제
옥저	군장	농사 발달, 해산물 풍부	민며느리제, 가족 공동 묘
동예			다른 부족의 땅에 못 들어감
마한	군장(정치) 제사장(종교)	벼농사 발달	소도
진한		벼농사 발달	
변한		벼농사 발달, 철 풍부	

2. 옥저와 동예의 특산품

```
옥저는
어물과 소금
```
VS
```
동예는 단궁(짧은 활), 과하마(작은 조랑말),
반어피(바다표범 가죽)
```

3. 혼날 일이 있으면 '소도'로 도망갈까?

- 소도는 하늘에 제사를 지내는 매우 신성한 곳으로, 솟대가 있음
- 소도는 제사장이 다스리는 곳

4. 꼭 기억해야 하는 축제 스케줄!

나라	부여	고구려	동예	삼한
시기	12월	10월	10월	5월, 10월
명칭	영고	동맹	무천	

용선생의 역사 카페

역사계의 슈퍼스타,
용선생의 역사 카페에
오신 걸 환영합니다

Log in

게시판 ∨

📄 역사가 제일 쉬웠어용!
📄 이제는 더~ 말할 수 있다!
📄 필독! 용선생의 매력 탐구
📄 전교 1등 나선애의 비밀 노트

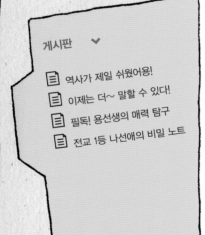

우리 역사 얘기가 《삼국지》에 적혀 있다고?

수업이 끝난 뒤 캐묻기를 좋아하는 선애가 "부여나 삼한 같은 나라들이 있었다는 건 어떻게 알 수 있어요?" 하고 물어봤어. 그래서 《삼국지》〈위서〉 동이전을 보면 알 수 있다고 했더니 《삼국지》는 유비, 관우, 장비가 나오는 소설책이 아니냐고 되묻더라고.

《삼국지(三國志)》는 서진(西晉)의 학자 진수(233~297)가 쓴 역사책이야. 중국이 세 나라, 그러니까 위나라 · 촉나라 · 오나라로 나뉘어 있을 때의 역사를 기록한 책이지. 그 가운데 위나라 역사를 기록한 책이 〈위서(魏書)〉야. 이 〈위서〉에는 '동이(東夷, 동쪽 오랑캐라는 뜻)'에 대해 기록한 부분이 있는데 이걸 '동이전'이라고 불러. 그래서 《삼국지》〈위서〉 동이전을 보면 된다고 한 거지.

《삼국지》〈위서〉 동이전에는 부여, 고구려, 옥저, 동예, 삼한 등 우리 역사 속 여러 나라들에 대한 기록이 실려 있어. 중국에서 쓰여진 역사책이라서 다른 민족들을 깔보는 듯한 시선이 담겨 있긴 하지만, 그래도 우리 역사를 공부할 때 참고가 되는 소중한 기록이야.

그럼 선애가 얘기한 《삼국지》는 뭘 말하는 걸까? 그건 14세기에 나관중(?~1400)이라는 소설가가 지은 소설 《삼국지연의(三國志演義)》를 말하는 거야. '연의'란 '사실을 부연

해 재미있게 설명한다'는 뜻이야. 그러니까 위나라·촉나
라·오나라 세 나라의 역사에 대해 전설처럼 전해 내려온
이야기들을 모아서 소설로 엮은 거지. 유비, 관우, 장비라
는 세 영웅을 중심으로 서술하고 있어. 이 소설《삼국지연
의》를 줄여서《삼국지》라고 부르는 경우가 많으니까 잘 구
분해야 해.

《삼국지연의》속 삽화 조조가 유비에게 천하의 영웅이 누구인지 물었어(오른쪽). 이에
유비를 걱정한 장비와 관우가 뒤쫓아 왔지(왼쪽).

COMMENTS

🐱 장하다 : 영웅 얘기라고요? 그렇다면 저도《삼국지연의》를 읽어 볼래요.
　　　도서관 가야겠다!

↳ 🐵 용선생 : 우리말로 번역한 책 중에 10권짜리를 추천해도 다 읽을 거
　　　지? 크크.

한국사 퀴즈 달인을 찾아라!

달인을 찾아라!

출발!

01 ★★☆☆☆

오늘의 숙제는 '지도 그리기'! 그런데 우리의 장하다는 숙제를 내팽개치고 딴짓을 하고 있네. 곧 엄마가 숙제 검사를 하면 혼날 텐데, 장하다 대신 나라 이름을 적어 줄 사람 없나?

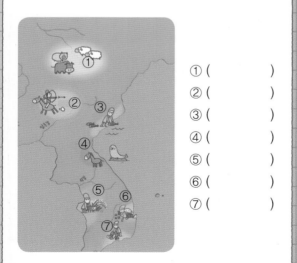

① (　　　　　)
② (　　　　　)
③ (　　　　　)
④ (　　　　　)
⑤ (　　　　　)
⑥ (　　　　　)
⑦ (　　　　　)

02 ★★★★★

아이들이 어떤 나라의 사회 풍속을 그림으로 그리려고 해. 대화에서 빈칸에 들어갈 내용으로 옳은 것은 무엇일까? (　　　　)

허영심: 제천 행사인 무천의 모습을 그리자.
장하다: 풍습인 책화를 표현해 보자.
곽두기:

---

① 결혼 풍습인 서옥제의 모습을 표현하자.

② 특산물인 단궁, 과하마, 반어피를 그려 보자.

③ 지배층인 마가, 우가, 저가, 구가를 그려 보자.

④ 가족 공동 묘에 죽은 사람의 뼈를 묻는 걸 그리자.

도착!

03  ★★★★☆

아이들이 삼한에 대해 얘기하고 있어. 그런데 한 사람이 엉뚱한 소리를 하고 있잖아! 다음 중 틀린 말을 하는 아이는 누구일까?
(   )

 ① 변한의 철기가 유명했지.

 ② 삼한에서는 어린 사위를 일찍 데려다 키웠어.

 ③ 삼한 사람들은 5월과 10월에 제사를 지냈어.

 ④ 삼한은 땅이 기름져서 벼농사가 발달했어.

샬인 트로피

05  ★★★★☆

아이들이 모여 제천 행사에 갈 준비들을 하고 있어. 그런데 스케줄표가 잘못되어 있잖아? 엉뚱한 곳으로 가면 안 될 텐데, 잘못 적힌 나라를 찾아서 아이들에게 말해 줄 사람?
(   )

5월	10월	11월	12월
① 삼한			
	② 동예		
	③ 삼한	④ 고구려	
			⑤ 부여

04 ★★★☆☆

준비물을 살 돈으로 아이돌 그룹의 CD와 포스터를 산 영심이, 엄마한테 딱 걸렸다! 하늘에 제사를 지내는 소도로 도망치면, 엄마가 혼내지 못할 거야. 그런데 뭘 보고 소도라는 곳을 찾아갈 수 있지? (   )

①

②

③

• 정답은 269쪽에서 확인하세요!

교과서에 나오는 **한국사–세계사 연표**

한국사

-300만 년	**70**만 년 전	구석기 시대가 시작되다

주먹도끼

-8000년	기원전 **8000**년경	신석기 시대가 시작되다

빗살무늬 토기　돌촉

	기원전 **2333**년경	고조선이 세워지다(《삼국유사》)
	기원전 **2000**년경	청동기 시대가 시작되다

비파형 동검

-1000년		
-900년		
-800년		

탁자식 고인돌

-700년	기원전 **700**년경	고조선이 중국의 제나라와 무역을 하다
-600년		
-500년		

명도전

-400년	기원전 **500**년경	고조선과 한반도에서 철기를 쓰기 시작하다
-300년	기원전 **300**년경	고조선이 중국의 연나라와 겨루며 성장하다

한반도의 철기 유물

-200년	기원전 **2**세기 초	위만이 준왕을 몰아내고 고조선의 왕이 되다
	기원전 **108**년	고조선이 한나라의 공격으로 멸망하다
-100년		한나라가 고조선 지역에 한사군을 설치하다

낙랑의 유물인
금제 허리띠 장식

	기원전 **57**년	박혁거세가 신라를 건국하다(《삼국사기》)
	기원전 **37**년	주몽이 고구려를 건국하다(《삼국사기》)
-1	기원전 **18**년	온조가 백제를 건국하다(《삼국사기》)

세계사

-300만 년	**390**만 년 전	오스트랄로피테쿠스 아파렌시스가 등장하다
	180만 년 전	호모 에렉투스가 등장하다
	40만 년 전	호모 네안데르탈렌시스가 등장하다
	20만 년 전	호모 사피엔스가 등장하다
-8000년	기원전 **9000**년경	메소포타미아(지금의 이라크 · 이란 · 시리아)에서 농사를 짓기 시작하다
	기원전 **5000**년경	이집트에서 농사를 짓기 시작하다
	기원전 **4000**년경	인도에서 농사를 짓기 시작하다
	기원전 **3500**년경	메소포타미아에서 수메르 사람들이 국가를 만들다
	기원전 **2500**년경	중국에서 황허 문명이 시작되다
	기원전 **1750**년경	메소포타미아를 통일한 함무라비 대왕이 법전을 만들다
	기원전 **1600**년경	중국에서 상나라가 세워지다
-1000년	기원전 **1046**년	상나라가 멸망하고 주나라가 세워지다
-900년		
-800년		
	기원전 **776**년경	그리스에서 최초로 올림픽이 열리다
-700년	기원전 **770**년	중국에서 춘추 전국 시대가 시작되다
-600년		
	기원전 **551**년	공자가 태어나다
	기원전 **530**년경	부처가 보리수나무 아래에서 깨달음을 얻다
-500년	기원전 **510**년	로마에서 시민이 대표를 직접 뽑는 공화정이 수립되다
	기원전 **479**년	그리스가 페르시아 전쟁에서 승리하다
-400년	기원전 **404**년	스파르타가 아테네를 물리치다
	기원전 **334**년경	마케도니아의 알렉산드로스 대왕이 동방을 원정하다
-300년	기원전 **317**년	인도에서 마우리아 왕조가 세워지다
	기원전 **264**년	제1차 포에니 전쟁이 일어나다(~기원전 241년)
	기원전 **221**년	진나라가 최초로 중국을 통일하다
-200년	기원전 **202**년	진나라가 무너지고 한나라가 중국을 다시 통일하다
-100년		
	기원전 **73**년	로마에서 노예 스파르타쿠스가 반란을 일으키다
	기원전 **27**년	로마에서 제정이 시작되다

함무라비 법전

알렉산드로스 대왕

진나라 시황제의 무덤에서 발굴된 병마용

찾아보기

참고문헌

도록

《겨레와 함께 한 쌀》, 국립중앙박물관, 2000

《국립공주박물관》, 국립공주박물관, 2010

《국립광주박물관》, 국립광주박물관, 2010

《국립김해박물관》, 국립김해박물관, 1998

《국립민속박물관》, 국립민속박물관, 1997

《국립부여박물관》, 국립부여박물관, 1997

《국립중앙박물관 100선》, 국립중앙박물관, 2006

《국립중앙박물관》, 국립중앙박물관, 2000

《낙랑》, 국립중앙박물관, 솔, 2001

《선사 유적 발굴 도록》, 충북대학교박물관, 1998

《조선유적유물도감》, 조선유적유물도감편찬위원회,
1988〜1996

교과서

초등학교 3학년 2학기 《사회》, 2019

초등학교 5학년 2학기 《사회》, 2015

초등학교 6학년 1학기 《사회》, 2016

초등학교 《사회과부도》, 2019

주진오 외, 《중학교 역사(상)》, 천재교육, 2016

주진오 외, 《고등학교 한국사》, 천재교육, 2016

한철호 외, 《고등학교 한국사》, 미래엔, 2016

책

고든 차일드, 《사회고고학》, 사회평론, 2009

국립중앙박물관, 《즐거운 역사 체험 어린이박물관》, 웅진주니어, 2005

김부식, 《삼국사기》, 한길사, 1998

김성명 외, 《구석기 신석기》, 국립중앙박물관, 2008

류희경, 《우리 옷 이천 년》, 미술문화, 2008

마이크 파커 피어슨, 《죽음의 고고학》, 사회평론, 2009

브라이언 M. 페이건, 《고고학 세계로의 초대》, 사회평론, 2002

브라이언 M. 페이건, 《세계 선사 문화의 이해》, 사회평론, 2011

서의식 외, 《뿌리깊은 한국사 샘이 깊은 이야기 01 고조선 · 삼국》, 솔, 2015

송호정, 《단군, 만들어진 신화》, 산처럼, 2004

송호정, 《아! 그렇구나 우리 역사 01 원시 시대》, 여유당출판사, 2002

송호정, 《아! 그렇구나 우리 역사 02 고조선·부여·삼한》, 여유당출판사, 2002

시안 존스, 《민족주의와 고고학》, 사회평론, 2008

아틀라스 한국사 편찬위원회, 《아틀라스 한국사》, 사계절출판사, 2004

안휘준, 《청출어람의 한국미술》, 사회평론, 2010

역사신문편찬위원회, 《역사신문 1》, 사계절출판사, 1995

오경문, 《하늘과 땅이 처음 생긴 이야기》, 들창, 1999

오영찬, 《낙랑군 연구》, 사계절출판사, 2006

이선복, 《고고학 개론》, 이론과실천, 1992

이선복, 《고고학 이야기》, 뿌리와이파리, 2005

이종욱, 《한국의 초기국가》, 아르케, 1999

일연, 《삼국유사》, 을유문화사, 1994

전국역사교사모임, 《살아있는 한국사 교과서 1》, 휴머니스트, 2002

전국역사교사모임 외, 《마주 보는 한일사 1》, 사계절출판사, 2006

정동찬, 《살아있는 신화 바위그림》, 혜안, 1995

조유전, 《발굴 이야기》, 대원사, 1996

최형철, 《박물관 속의 한국사》, 휴머니스트, 2007

폴 반 외, 《현대 고고학 강의》, 사회평론, 2008

한국고고학회, 《계층 사회와 지배자의 출현》, 사회평론, 2007

한국고고학회, 《국가 형성의 고고학》, 사회평론, 2008

한국고고학회, 《한국 고고학 60년》, 사회평론, 2008

한국고고학회, 《한국 고고학 강의》, 사회평론, 2010

한국사연구회, 《새로운 한국사 길잡이 上》, 지식산업사, 2008

한국사특강편찬위원회, 《한국사특강》, 서울대학교출판부, 2008

한국생활사박물관 편찬위원회, 《한국생활사박물관 01 선사생활관》, 사계절출판사, 2000

한국생활사박물관 편찬위원회, 《한국생활사박물관 02 고조선생활관》, 사계절출판사, 2000

한국역사연구회 고대사 분과, 《고대로부터의 통신》, 푸른역사, 2004

한영우, 《다시 찾는 우리역사 1》, 경세원, 2010

사진 제공

20 E.H.카(Topfoto) / 42 청동 거울 · 청동 방울(국립광주박물관) / 43 세형 동검(국립광주박물관) / 56 몸돌과 격지(국립공주박물관) / 57 뗀석기(국립중앙박물관), 간석기(국립중앙박물관) / 59 흥수아이(충북대박물관) / 62 단양 금굴 내경(리베르스쿨출판사), 외경(북앤포토) / 68 동굴곰과 쌍코뿔이(충북대박물관) / 70 사냥돌(국립공주박물관) / 72 찍개(강원대박물관), 슴베찌르개(국립청주박물관), 주먹도끼(국립중앙박물관), 긁개(국립김해박물관) / 78 동아시아에서 최초로 발견된 주먹도끼(서울대박물관) / 82 수양개 선사 유물 전시관(블로거 개경님) / 83 천년의 사랑(PIXTA), 고수 동굴(PIXTA) / 84 도담 삼봉(PIXTA), 사인암(PIXTA) / 85 마늘 가게(세굴 네이버블로그), 흑마늘빵(별별여행), 온달테마공원(단양군청) / 93 조개무지(패총)(북앤포토) / 94 간석기(국립중앙박물관) / 96 암사동 선사 주거지의 집터(암사동선사박물관) / 98 그물(국립경주박물관), 그물추(계명대박물관) / 99 뼈작살(《조선유적유물도감1》) / 100 돌촉(국립중앙박물관), 화살촉(국립중앙박물관) / 101 빗살무늬 토기(국립중앙박물관) / 103 신석기 시대의 다양한 토기들(국립중앙박물관) / 108 돌도끼(국립김해박물관), 돌괭이(국립공주박물관), 뿔괭이(《조선유적유물도감1》), 돌낫(《조선유적유물도감1》), 갈돌과 갈판(국립중앙박물관) / 111 뼈바늘과 바늘함(북앤포토), 가락바퀴(국립중앙박물관) / 115 꾸미개(부산시립박물관) / 118 얼굴 모양 토기(서울대박물관) / 119 조개가면(국립중앙박물관) / 125 청동 검(국립중앙박물관) / 127 청동 검 거푸집(국립중앙박물관), 청동 낚싯바늘 · 거울 거푸집(숭실대박물관) / 129 강화도 고인돌(북앤포토) / 131 탁자식 고인돌(이장원), 바둑판식 고인돌(국가유산청) / 137 농경무늬 청동기(국립중앙박물관) / 139 청동 거울(국립중앙박물관), 팔주령(국립중앙박물관), 간두령(삼성미술관 리움), 조합식 쌍두령(동아대박물관), 쌍두령(국립중앙박물관) / 140 간돌칼(국립중앙박물관) / 145 화살촉(국립중앙박물관) / 146 돌도끼 · 돌자귀(계명대박물관), 돌낫(국립중앙박물관) / 147 반달 돌칼(국립중앙박물관) / 148 청동기 시대 토기(국립중앙박물관) / 149 불에 탄 쌀(국립중앙박물관) / 150 울주 대곡리 반구대 암각화(울산암각화박물관) / 169 곰 모양 상다리 받침(국립중앙박물관) / 178 마니산 참성단(시몽포토) / 182 비파형 동검(국립중앙박물관), 비파(국립국악원), 미송리식 토기(《조선유적유물도감》) / 183 중국형 동검(국립전주박물관), 비파형 동검(국립경주박물관), 세형 동검(국립중앙박물관) / 190 강화 참성단(강화군청 홈페이지) / 191 강화 역사 박물관(대확행), 고인돌(인천광역시), 강화 자연사 박물관(김태영) / 192 강화 덕진진 남장포대(국가유산청), 대포(한국관광공사) / 193 마애불 올라가는 길(김동섭), 보문사 마애불(푸른안개 변귀옥), 밴댕이 회무침(크라우픽), 밴댕이(Ffish.asia) / 201 옥 목걸이(국립중앙박물관) / 208 쇠검(경북대박물관) / 210 한반도의 철기 유물(국립중앙박물관) / 212 쇠낫 · 쇠도끼(경북대박물관), 쇠괭이 · 반달 쇠칼(국립중앙박물관) / 213 쇠창(경북대박물관) / 214 명도전(국립중앙박물관) / 223 평양 석암리 금제 띠고리(국립중앙박물관) / 227 아이들이 만든 솟대(인천남부초등학교 2009년 6학년 1반 학생들, 남용우) / 238 금귀걸이(송호정) / 240 오녀산성(시몽포토) / 241 수렵도(시몽포토) / 248 삼한의 토기들(국립공주박물관) / 250 솟대(권태균) / 252 삼한의 장신구(국립광주박물관) / 255 삼한의 악기(국립광주박물관), 가야금(국립국악원)

* 이 책에 쓴 사진은 해당 사진을 보유하고 있는 단체와 저작권자의 허락을 받아 게재한 것입니다.
* 저작권자를 찾지 못하여 게재 허락을 받지 못한 사진은 저작권자를 확인하는 대로 게재 허락을 받고, 출판사 통상 기준에 따라 사용료를 지불하겠습니다.

정답

1교시
- **01** ②, ③
- **02** ①
- **03** ③
- **04** 20세기, 21세기, 기원전 2세기
- **05** ①

2교시
- **01** ④
- **02** 직립 보행, 불, 도구
- **03** ①
- **04** ①

3교시
- **01** ① 뗀석기 /⟨간석기⟩ ② 뗀석기 /⟨간석기⟩
  ③ 뗀석기 /⟨간석기⟩
- **02** ①
- **03** ① 갈돌과 갈판 ② 이음낚시
  ③ 가락바퀴 ④ 빗살무늬 토기
- **04** ① 간석기 ② 움집 ③ 채집 ④ 농사
- **05** ① 빗살무늬 토기
  ② 화덕 ③ 나뭇잎이나 짚

4교시
- **01** ④
- **02** ④

03
- ① 뗀석기 ② 간석기 ③ 청동기
04
- ① 인구 ② 족장 ③ 관리 ④ 법

5교시
- **01** ① 환웅 ② 단군왕검
- **02** ④
- **03** ④
- **04** ① ─ ⓑ
  ② ─ ⓐ
  ③ ─ ⓒ
- **05** 비파형 동검, 미송리식 토기, 탁자식 고인돌

6교시
- **01** ① O ② X ③ O ④ O
- **02** ① ─ ⓒ
  ② ─ ⓑ
  ③ ─ ⓐ
- **03** ① 단군왕검 ② 위만 ③ 우거왕
- **04** ②
- **05** ②

7교시
- **01** ① 부여 ② 고구려 ③ 옥저
  ④ 동예 ⑤ 마한 ⑥ 진한 ⑦ 변한
- **02** ②
- **03** ②
- **04** ③
- **05** ④

용선생의 시끌벅적 한국사 ① 우리 역사가 시작되다

저자 현장 강의 전면 개정판(양장판) 1쇄 발행 2023년 5월 2일
저자 현장 강의 전면 개정판(양장판) 3쇄 발행 2025년 2월 28일

글 금현진, 손정혜, 정상민 | 그림 이우일
정보글 이정은 | 지도 박소영, 조고은 | 기획 세계로
검토 및 추천 전국초등사회교과모임
자문 및 감수 송호정
어린이사업본부 이승필
편집 송용운, 김형겸, 오영인, 김언진, 윤선아
마케팅 윤영채, 정하연, 안은지, 박찬수
경영지원 나연희, 주광근, 오민정, 정민희, 김수아, 김승현
디자인 가필드
조판 디자인 구진희, 최한나
사진 북앤포토, 포토마토

펴낸이 윤철호
펴낸곳 (주)사회평론
전화 02-326-1182
팩스 02-326-1626
주소 03993 서울시 마포구 월드컵북로6길 56 사평빌딩
용선생 클래스 yongclass.com
용선생 카페 cafe.naver.com/yongyong
출판등록 1993년 10월 6일 제 10-876호

ⓒ 사회평론, 2016

ISBN 979-11-6273-266-3 63900

종이에 손을 베지 않도록 주의하세요.
책 모서리에 다칠 수 있으니 책을 던지지 마세요.